# 视频号运营
## 从入门到精通

### 内容运营、脚本写作与快速变现

小野 著

北京大学出版社
PEKING UNIVERSITY PRESS

## 内 容 提 要

视频号是天然的流量工具,自带商业属性。说起做短视频的技巧,很多人会教你一些运营的技巧,本书不仅介绍内容运营,还介绍直播带货、脚本写作等核心技巧,尤其是如何撰写短视频脚本、如何制造爆款内容,带领大家更好地玩转视频号,实现快速变现。

图书在版编目(CIP)数据

视频号运营从入门到精通:内容运营、脚本写作与快速变现/小野著.—北京:北京大学出版社,2023.7
ISBN 978-7-301-34073-8

Ⅰ.①视… Ⅱ.①小… Ⅲ.①网络营销 Ⅳ.①F713.365.2

中国国家版本馆CIP数据核字(2023)第099743号

| 书　　名 | 视频号运营从入门到精通:内容运营、脚本写作与快速变现 |
|---|---|
| | SHIPIN HAO YUNYING CONG RUMEN DAO JINGTONG: NEIRONG YUNYING、JIAOBEN XIEZUO YU KUAISU BIANXIAN |
| 著作责任者 | 小　野　著 |
| 责任编辑 | 刘　云　刘　倩 |
| 标准书号 | ISBN 978-7-301-34073-8 |
| 出版发行 | 北京大学出版社 |
| 地　　址 | 北京市海淀区成府路205号　100871 |
| 网　　址 | http://www.pup.cn　新浪微博:@北京大学出版社 |
| 电子信箱 | 编辑部 pup7@pup.cn　总编室 zpup@pup.cn |
| 电　　话 | 邮购部 010-62752015　发行部 010-62750672　编辑部 010-62570390 |
| 印刷者 | 河北博文科技印务有限公司 |
| 经销者 | 新华书店 |
| | 787毫米×1092毫米　32开本　4.625印张　124千字 |
| | 2023年7月第1版　2025年7月第3次印刷 |
| 印　　数 | 6001—7500册 |
| 定　　价 | 28.00元 |

未经许可,不得以任何方式复制或抄袭本书之部分或全部内容。
**版权所有,侵权必究**
举报电话:010-62752024　电子信箱:fd@pup.cn
图书如有印装质量问题,请与出版部联系,电话:010-62756370

# 前言

很多人一想到视频号创业都会觉得太难了，没开始就放弃了。对此，分享一下我的经验。

第一，小步快跑，快速迭代，边行动边学习。行动中的每一次小收获，都是一个正向反馈，而这些正向反馈是能够支撑你坚持下去的最好的礼物。如果你觉得拍一条短视频太难了，可以先从发一条朋友圈开始。当你得到正向反馈后，你就会拥有更大的动力。第二，给自己找一个师傅，以便在实践过程中能够给你指导，及时反馈。

对于短视频创作，我的建议是不要犹豫，想好就开始干。否则你会像很多人一样，永远都不会开始。你会发现，一旦开始创作短视频，你的天赋将会展现出来，你会得到正向反馈，从而产生坚持做这件事的动力。

一开始我做短视频，根本没有想什么愿景或使命，也没有想收益，我只是不间断地发朋友圈、发短视频、在每天固定的时间直播。在这个过程中，我越来越清晰地认识到，自己做的视频能够影响越来越多的人，而我的内心也感受到巨大的欢喜。我逐渐萌生了一种使命感，认为自己必须坚持做下去。

本书上篇介绍了视频号运营的基础知识，重点在于大众心理分析。想要做好视频号，仅仅凭借运营技巧是不够的，市场上任何一本书都会教授这类技巧知识，想要学精学透，一定要了解用户心理，这样才能做出大众想看的内容。本书下篇重点介绍短视频变现，这是大部分视频号主最关心的内容。

本书非常适合刚刚接触视频号的新手以及想要深入钻研用户心理的视频号主。

**温馨提示：** 本书提供的附赠资源，读者可以通过扫描封底二维码，关注"博雅读书社"微信公众号，找到资源下载栏目，输入本书77页的资源下载码，根据提示获取。

# 目录

CONTENTS

## 上 篇

## 视频号运营与大众心理分析

### 第1章 最后的互联网红利,你是幸运儿吗? ............002

- 1.1 短视频 4.0 时代正式开启 .................................002
  - 1.1.1 短内容时代来临 .................................003
  - 1.1.2 短内容时代现状 .................................004
  - 1.1.3 视频号心得体会 .................................005
  - 1.1.4 为什么要做视频号 .................................007
- 1.2 什么是视频号 .................................009
  - 1.2.1 占据用户消费时间 .................................009
  - 1.2.2 重新认识视频号 .................................010
  - 1.2.3 视频号的特征 .................................010
  - 1.2.4 视频号的势能 .................................011
  - 1.2.5 视频号想要什么 .................................012
  - 1.2.6 公众号与视频号形成营销组合拳 .................................012

1.2.7 视频号与公众号的联系与区别 ............013

# 第2章 搭建账号：忽视这三点，就算白干了 ............015

2.1 别输在起跑线，名字必须自带流量 ............015

2.2 "别人家的简介"是怎么写出来的 ............018

    2.2.1 个人IP类简介的写法 ............019

    2.2.2 企业品牌类简介的写法 ............020

2.3 你的头像，让人眼前一亮 ............022

    2.3.1 头像设计的基本原则 ............022

    2.3.2 头像设计的关键细节 ............024

    2.3.3 头像的五种类型 ............025

    2.3.4 关于头像的注意事项 ............026

# 第3章 新手拍短视频，先要知道这些事 ............028

3.1 这些关键指标，谁忽视谁就吃亏 ............028

3.2 拍短视频需要很贵的设备吗？ ............029

3.3 新人应该选择怎样的设备呢？ ............031

3.4 拍摄与剪辑，三个软件就够了 ............033

3.5 避坑指南：那些年，我踩过的坑 ............034

目录

# 第4章 学会这些运营策略，迅速扩大视频号影响力..037

## 4.1 打造爆款，必须先搞懂视频号的推荐模式 ...............037
### 4.1.1 社交传播 ....................................038
### 4.1.2 用户关注 ....................................040
### 4.1.3 算法推荐 ....................................041

## 4.2 为什么你的视频没人点赞？..............................041
### 4.2.1 手势引导 ....................................043
### 4.2.2 剪辑 + 点赞 .................................043
### 4.2.3 字幕暗示 ....................................044
### 4.2.4 文案引导 ....................................045

## 4.3 提升阅读量，这五招就够了 ............................045
### 4.3.1 经典语录型 ..................................046
### 4.3.2 长文案型 ....................................047
### 4.3.3 与读者互动 ..................................048
### 4.3.4 治愈型内容 ..................................048
### 4.3.5 实用型内容 ..................................049

## 4.4 适合新手的视频号涨粉技巧 ............................049
### 4.4.1 视频内提示关注 ..............................050
### 4.4.2 主页引导 ....................................050
### 4.4.3 文案引导 ....................................051

## 4.5 为什么你的视频没人转发？..............................051
### 4.5.1 激发用户共情 ................................051
### 4.5.2 微信群扩散法 ................................052

3

## 第5章 视频号大众心理分析（技巧篇） ...... 055

5.1 接收感官改变了 ...... 055
5.2 短视频文案不要用晦涩难懂的内容 ...... 057
5.3 用户的耳朵最喜欢什么样的内容？ ...... 058
5.4 学会联想，让你的作品"有点意思" ...... 059
5.5 你知道吗？词语也有情绪 ...... 060

## 第6章 爆款短视频大众心理分析（思维篇） ...... 063

6.1 钩子思维——如何下钩子，让用户不舍得划走 ...... 063
6.2 朴素思维——要接地气，不要用高大上的专业词汇 ...... 066
6.3 60分思维——脚本初稿，及格就好 ...... 069

# 下 篇

# 视频号脚本撰写与直播、私域变现

## 第7章 视频号脚本详解——选题篇 ...... 073

7.1 写脚本之前，你要清楚用户想看什么 ...... 073

7.2 爆款选题离不开热点，掌握套路就能事半功倍 ................ 074

7.3 为什么你总是想不出好选题？ ................ 076

7.4 爆款选题万能模板 ................ 079

## 第8章 视频号脚本详解——技巧实操篇 ................ 082

8.1 标题心理学1："黄金3秒"与用户视角 ................ 082

8.2 标题心理学2：用户对什么样的标题最买账？ ................ 084

8.3 像写小说一样设计脚本 ................ 088

8.4 突出"黄金3秒"的开场模板 ................ 089

8.5 爆款结构模板，帮你迅速搭建脚本框架 ................ 092

8.6 虎头蛇尾可不行，精彩结尾这样写 ................ 097

## 第9章 到底什么是私域？ ................ 099

9.1 私域是什么？ ................ 099

9.2 私域运营的三个阶段 ................ 100

9.3 如何激活你的私域 ................ 102

9.4 产品营销→IP营销→人性营销 ................ 103

9.5 如何实现一对多成交？ ................ 105

9.6 购买即结束，还是购买即开始？ ................ 106

## 第10章 如何玩转朋友圈? ..................109

10.1 朋友圈还能赚到钱吗? ..................109

10.2 打造人设:朋友圈的四种类型及发圈规则 ..................110

10.3 朋友圈营销技法——三大支点 ..................112

10.4 朋友圈营销技法——三个元素与三个关键动作 ..................114

10.5 朋友圈营销技法——三个人性法则 ..................114

10.6 朋友圈营销技法——三个布局 ..................116

## 第11章 直播带货——低成本变现的秘密 ..................118

11.1 3分钟带你了解视频号直播 ..................118

11.2 新手如何玩转视频号直播带货 ..................120

11.3 直播带货话术完全攻略——主播互动话术 ..................122

11.4 直播带货话术完全攻略——产品介绍与开价话术 ..................125

11.5 直播带货话术完全攻略——逼单话术 ..................130

11.6 选择大于努力,视频号直播如何选品? ..................134

# 上 篇
# 视频号运营与大众心理分析

# 第1章 最后的互联网红利,你是幸运儿吗?

## 1.1 短视频 4.0 时代正式开启

2022 年下半年,短视频正式进入 4.0 时代,这是一个巨大的流量入口,也是很多普通人赚钱的机会。

本节导览如图 1-1 所示。

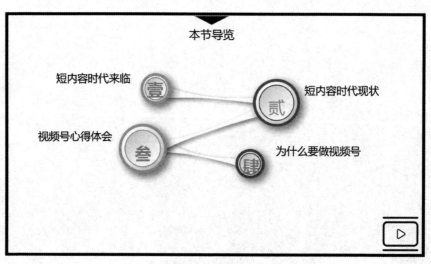

图 1-1　本节导览

## 1.1.1 短内容时代来临

微信朋友圈发布的信息属于短内容，不过更多地局限于熟人之间，只有微信好友可见、可点赞、可评论。而视频号面向的是微信全网用户，因此它的出现标志着微信短内容时代正式开启，如图 1-2 所示。

图 1-2　短内容时代来临

视频号给普通人带来了机会，我认为这是普通人能抓住的互联网最后的红利。只要你有微信号，就可以开通视频号。很多人之前想做公众号，但是苦于不会写文章而罢休。现在好了，随手拍一段视频就能发到视频号。

随着内容创业浪潮的到来，很多普通人也分到了一杯羹。就像今天的很多主播一样，倒退十年，谁能想到自己会有这么多粉丝、赚这么多钱？时势造英雄，短内容就是当下最好的机会，如图 1-3 所示。

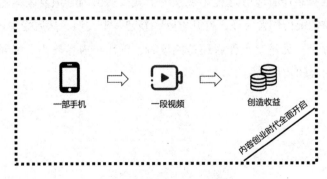

图 1-3　内容创业时代来临

## 1.1.2 短内容时代现状

很显然，短内容更符合人性的需求，如果130个字能看明白一个道理，何必去读长篇大论呢？如果能通过观看60秒短视频让自己豁然开悟，又何苦去看130个字呢？

随着时代的发展，人们的注意力变得越来越难以集中，长内容越来越不受欢迎。

我们不说看书、读文章，就拿看剧来说，一集美剧、韩剧，有多少人能坚持看完20分钟？很多剧集一上来就是大场面，节奏非常快。为什么呢？因为怕观众跑了。可选择的资源那么多，为什么要花时间看一部节奏又慢又无聊的剧呢？

科研人员曾经针对英国人做过一项实验，结果发现网页的打开时间一旦超过60秒，70%的受试者将会产生不耐烦的情绪。此外，研究人员还发现，如果打电话的时间超过5分钟，英国人会焦虑；如果过了8分钟还没有看到自己点的食物，他们会受不了；即便是朋友，如果迟到超过10分钟，英国人就该急了。

正是基于当下这个时代以及人性的特点，短内容越来越受欢迎。短视频沉浸式的收看体验，已经培养出用户的观看习惯，同时也让这些用户变得越来越懒，不再愿意阅读文字内容，而是躺在床上轻松刷视频。同时，视频制作者能够通过短视频的形式表达出内心想要表达的东西，而不是像传统创作者一样，打开电脑，新建一个文档，然后慢慢创作。

实际上，无论是创作者还是阅读者，创作长内容都非常不利。长内容与短内容的较量如图1-4所示。

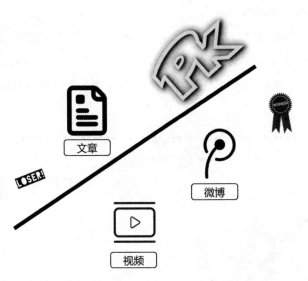

图 1-4　长内容与短内容的较量，长内容完败

## 1.1.3 视频号心得体会

关于视频号，我总结出了四点体会，如图 1-5 所示。

**1. 平台鼓励原创**

一定要做与账号定位相关的原创内容，因为平台明确规定不可以搬运。

定位很关键，你要想清楚产品卖给谁？你能为这类用户提供什么价值与服务？你所提供的服务是不是你擅长的？和你的同行相比，你有什么优势？想明白这些问题，你的定位就出来了。

图 1-5　关于视频号的四点体会

## 2. 平台提供算法推荐

垂直领域的创作人士具备很大优势,可以避开和那些泛娱乐的正面竞争,找到自己感兴趣的人群。其实和公众号相比,视频号在关注的基础上增加了算法匹配的逻辑,这样其实更容易突破自身原始流量的圈层,如图1-6所示。

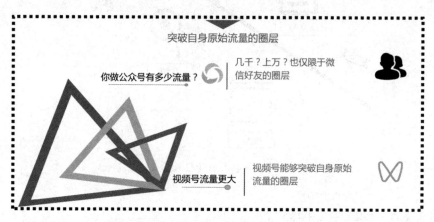

图1-6 突破自身原始流量的圈层

## 3. 推广门槛低

回看公众号的阅读量,从2017年开始,文章平均阅读率降至5%,打开率仅为2%。即便是一些质量不错的文章,阅读量也惨不忍睹。我有一个同学,他的文章写得很好,公众号开了三个月,每天也就50~60个阅读量。上千的阅读量是一个巨大的门槛,因为公众号完全依赖用户的分享和关注。

而视频号则不同,获取粉丝和阅读量的门槛要比公众号低得多,如图1-7所示。小圈子是好友、所在行业兴趣圈和定位相关的原创内容,内容在小圈子筛选一遍之后,会被推荐到更大的圈子中,这样就降低了推广的门槛。

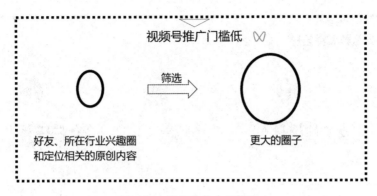

图 1-7　视频号推广门槛低

**4. 普通人最好的逆袭机会**

视频号的内容非常方便传播,可以发给好友,发到微信群,分享到朋友圈。如果你原本就有很多粉丝,有很多微信好友,这些都是既有流量池,你的内容可以获得更多人点赞,带来扩散的裂变。

实际上,视频号门槛的降低对普通用户是非常有利的,每个人都有机会创造自己的爆款内容。相比于抖音、快手这类平台,大主播已经将位置卡得死死的,平台也会将流量分给这些人。

大主播的团队人员构成专业、庞大,有专业的策划、摄影、剪辑、后期人员……对于刚起步的普通人来说,很少有人会组建这样的团队,也就导致专业度达不到,很难与他们竞争。

相对来说,视频号尚处于起步阶段,对普通人来说机会更多。找到自己擅长的领域,打造自己的人设和 IP,做好内容的差异化,然后持续不断地输出,就一定有机会脱颖而出。

## 1.1.4　为什么要做视频号

很多人问我:为什么要做视频号?我总结为三个原因,如图 1-8 所示。

图 1-8 做视频号的原因

**1. 红利期**

视频号正处于红利期,公众号、微博、抖音、快手等平台已经发展很多年,头部金字塔已经形成,普通人很难再有机会往里挤。而视频号是一个新物种,大家都是从零开始,可以说人人都有机会。

**2. 流量**

微信用户超过 10 亿,在所有平台中独占鳌头。然而,最近几年,抖音、快手的迅速崛起给微信造成了巨大的冲击,因此微信现在力推视频号。我们从视频号的入口就可以看出微信对它的重视程度——直接设计在朋友圈的下面。面对微信这么大的流量,绝不能轻易错过。

**3. 冷启动**

相对其他短视频平台而言,视频号更容易起步。我们使用了这么久的微信,积累了这么多的好友与社群,每一期视频号的内容都可以转发分享到朋友圈和社群,冷启动会相对容易一些。

你可能错过了淘宝红利,错过了微博红利,错过了抖音红利……那么,互联网最后一波微信视频号的红利,你绝不能再错过了!

## 1.2 什么是视频号

关于视频号你需要了解以下五个方面的内容，如图1-9所示。

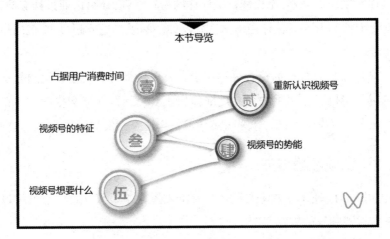

图1-9 视频号介绍

### 1.2.1 占据用户消费时间

截至2020年8月，抖音的日活用户破6亿，如图1-10所示。快手的日活用户也已经超过3亿。可见，短视频正占据着大量的用户休闲时间。

腾讯早就意识到这一点，很清楚必须尽快拿到看短视频这部分用户，因此将大量资源倾斜到微信视频号上面。

图1-10 抖音日活用户破6亿

## 1.2.2 重新认识视频号

那么,视频号究竟是什么?我们看一下微信对视频号的官方描述。

你所创作的内容,不仅能被关注你的粉丝看到,还可以通过社交推荐、个性化推荐的方式,让你走出微信好友的小圈子,进入超过11亿用户的大舞台。

视频号与公众号的核心区别在于,公众号是订阅机制,视频号是推荐机制。与抖音、快手的个性化推荐相比,视频号在社交推荐方面,拥有最强大的好友关系链,未来一定会爆发出更强大的势能。

## 1.2.3 视频号的特征

如图1-11所示,视频号的入口在朋友圈之下,仅从这一点就可以看出官方对视频号的重视程度。

那么,视频号有哪些特征呢?如图1-12所示。

图1-11 微信发现页

图1-12 视频号的特征

## 1.2.4 视频号的势能

第一,视频号不像其他短视频 App,它强调的是用户行为、社交关系,比如说朋友们都在看什么、都在推荐什么内容。视频号产品链路如图 1-13 所示。

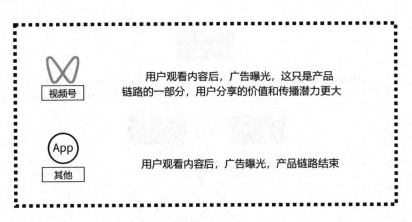

图 1-13 视频号产品链路

第二,视频号可以看作升级版的公众号。公众号和视频号的底层逻辑高度相似,却又有着明显的差异。公众号和视频号的相似点与不同点如图 1-14 所示。

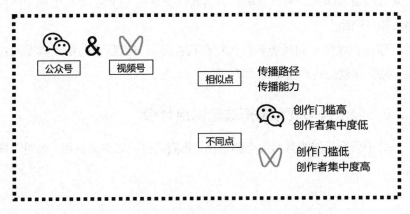

图 1-14 公众号和视频号的相似点与不同点

### 1.2.5 视频号想要什么

很明显,视频号想要的是更多的连接。微信里面有三个主要的连接对象,如图1-15所示。

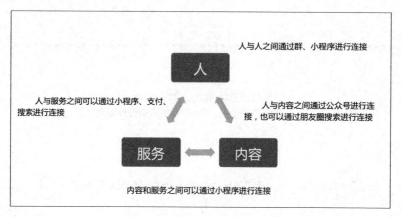

图1-15 三个主要连接对象

内容和内容之间、服务与服务之间都是在做一件事情,就是不断地连接。无论是支付、小程序、搜索、群、算法推荐,都是围绕以上三个对象进行连接。

百度、阿里巴巴、腾讯、美团、京东、拼多多……每一家公司擅长的领域都是不同的。腾讯最擅长的当数社交领域,QQ、微信汇集了国内绝大部分网民。

那么,视频号到底想要什么?在我看来,将微信从通信工具变成连接工具,这就是视频号最想要的。

### 1.2.6 公众号与视频号形成营销组合拳

关于公众号与视频号的营销机制,我们通过一张图来讲解,如图1-16所示。

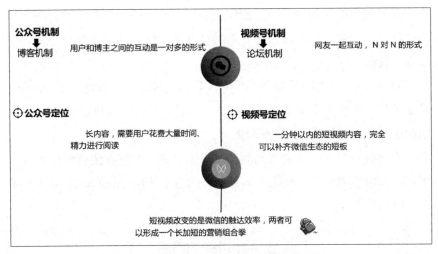

图 1-16 公众号与视频号营销机制分析

视频号可以与公众号相互引流,这是其他平台不具备的优势。视频号可以带上公众号连接,因此公众号的内容也多了一个入口。

同时,视频号主打短视频,公众号主打图文,二者相辅相成,短视频与文字完美地链接在一起,这样一来,你的作品呈现出来的效果就会更加立体、更加生动。同时,也将更多的受众群体囊括进来了。

## 1.2.7 视频号与公众号的联系与区别

视频号与公众号的联系与区别,如图 1-17 所示。

我一直把朋友圈当作微博使用,但是由于微信好友数量有上限,我没办法有效增加内容的传播范围。有人说,你可以通过公众号来传播。但有的时候,我只是突然有了一个想法,可能几十个字就可以说清楚了,它不足以支撑我写一篇长文,也不值得我花足够长的时间去思考、推导。像这样的短内容,其实是介于朋友圈和公众号之间的。对于视频号与朋友圈和公众号的联系与区分,我总结了两点,如图 1-17 所示。

第一,公众号更像一个媒体,它的媒体属性高于一切。公众号已经为自媒体创作群体提供了一个创作长篇内容的良好土壤,但是它的创作门槛高,创作时间长。极大部分的用户可能并没有机会或者精力来创作公众号文章。

第二,朋友圈实际上是个人媒体,门槛非常低,可以晒娃、晒美食……是非常私人化的,完全基于你的熟人关系链。所以朋友圈的内容其实无法触达到你朋友圈以外的这部分人群。

而视频号是介于这两者之间的。视频号是一个更方便的创作平台,用短视频内容的形式,使得在容易制作内容的情况下,同时能触达到朋友圈以外的人群。

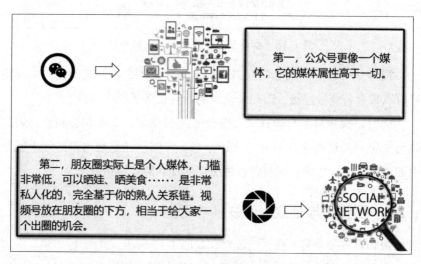

图 1-17 视频号与公众号的联系与区别

# 第2章
# 搭建账号：忽视这三点，就算白干了

## 2.1 别输在起跑线，名字必须自带流量

视频号名字到底怎么起？随便想一个名字很简单，然而想要起一个自带流量的名字却没那么容易。很多新手会觉得内容才是最重要的，但是如果你不重视名字，随便起一个，相当于还没开跑你就输了。

别人的名字自带流量，你的名字不知所云，这还怎么玩？很多人开了视频号以后都找我咨询起名字的问题，我会强调四点要求，如图2-1所示。

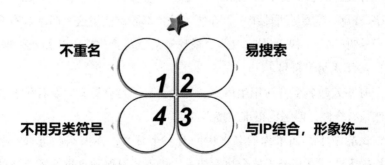

图 2-1　视频号起名字的四点要求

**1. 不重名**

这也算视频号的一个规则，别人已经占用的名字，其他人就用不了了，所以你必须想出一个独一无二的名字。有学员问我："我怎么知道自己的名字重复了，或者别人有没有用呢？"在视频号的上方有一个搜索框，你可以搜一下想好的名字，看看有没有重名的用户，如图 2-2 所示。

**2. 易搜索**

试想一下，你想出一个生僻字，别人都不知道念什么，怎么能找到你？比如"鳡子鸡"这个名字，其中的"鳡"字就非常生僻，并不是所有人都认识这个字。鳡（ɡǔ），鳡子鸡又名紫阳鸡，是重庆市奉节县的一道传统美食。想出一个好名字很重要，要注意避免生僻字。

图 2-2　搜索我的名字

**3. 与 IP 结合，形象统一**

你设计的名字要尽量与你的个人品牌、企业品牌的传播结合在一起。名字、Logo 等要尽可能统一，在所有平台都固定使用这个名字。有些人抖音号叫"A"，快手号叫"B"，视频号又变成了"C"，让粉丝很难找。

**4. 不用另类符号**

有些人起名字喜欢用生僻字、韩文，甚至是火星文以及各种表情，虽然很有个性，但是也很难被搜索到。

试想一下，如果你的名字中间有一个日文，你怎么敲进去？必须切换输入法，有几个人还会执意搜索？更不要说那种火星文和奇怪的符号了。

除了上述四点外，还要注意，好名字不需要太长，现在的人没有耐心敲这么多字；另外，要避免使用繁体字、特殊字符。

如果是打造个人品牌，我建议用本名。有学员会说："我的本名不好听怎么办？"稍微改动一下就行了，比如有一位老师姓刘，在家里排行老二，父母就给他起名为刘二，在做视频号的时候，他可以不完全使用本名，而是将本名与自己的职业结合起来，将视频号的名字改为"刘老师"。

如果是企业通过视频号打造品牌，一定要有品牌意识，要第一时间抢注品牌名称，避免被恶意抢注。

接下来讲解起名字的具体方法，如图2-3所示。

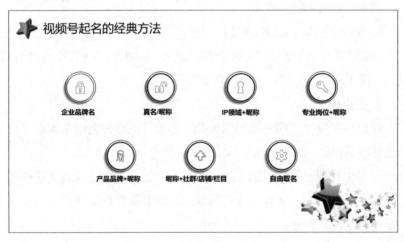

图2-3 视频号起名的经典方法

**1. 企业品牌名**

例如美团、腾讯、小米……人们对这些品牌已经耳熟能详，带这些品牌的名字自带流量。

**2. 真名/昵称**

如果是个人账号，并且你的真名很好听、很好记，也有一定的专业影响力，直接注册即可，这样可以拉近你与粉丝之间的距离。如果真名比较普通,可以另起一个好听的名字,例如我就叫"Angie 小野"。

**3. IP 领域 + 昵称**

把你的名字与你准备打造的 IP 领域相结合,例如"数学小王老师""赵仓书法"。

**4. 专业岗位 + 昵称**

这种方式是将专业、岗位、职业跟名字结合在一起。例如你是英语老师,可以起名"英语十七老师";如果你是设计师,可以起名"设计小田"等。

**5. 产品品牌 + 昵称**

例如"郝阿姨洗地机"。

**6. 昵称 + 社群 / 店铺 / 栏目**

一般将昵称放在前面,后面则是社群名、店铺名、小栏目、小爱好等。例如"诗享读书会""不二深夜食堂"。

**7. 自由取名**

如果你很有才,同时又脑洞大开,你可以没有任何限制地起名,只要能够吸引和你一样喜欢这个名字的人群就可以。

好名字自带流量,如果你想打造个人 IP,一定要重视起名这件事。另外强调一点,好名字谁先抢到是谁的,除非你有商标保护,所以大家一定要记住先下手为强。

## 2.2 "别人家的简介"是怎么写出来的

"别人家的孩子"不容易超越,但是"别人家的简介"是可以学习和借鉴的。

很多新人都会问:为什么看到别人的视频号介绍,就忍不住想要点进去,而自己的简介一点都不吸引人?

这是因为很多新人经常想到什么就随便写几句,当然没人感兴趣。做任何事都讲究专业,视频号简介也是如此,它分为个人简介与企业品牌简介两种写法,接下来分别进行介绍。

## 2.2.1 个人 IP 类简介的写法

一是强调一下简介的字数。视频号简介的字数保持在 100~200 字即可,太少了说不明白,太多了别人看不下去;二是简介表达的内容有要求,你需要告诉用户六个关键点,如图 2-4 所示。

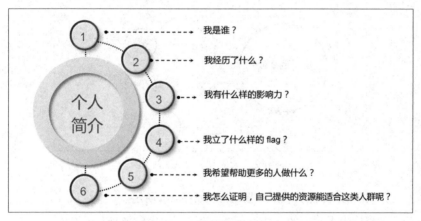

图 2-4 个人简介的写法

以我的视频号简介举例。

1. 我是谁?——我是一个从事线上流量推广 13 年的资深从业者。

2. 我经历了什么?——2013 年创办人生第一家公司,是最早的微信公众号、微博热搜运营服务商。

3. 我有什么样的影响力?——我出了一套年度课程,帮助上千人了解如何做爆款短视频。

4. 我立了什么样的 flag?——我立志帮助所有想学习短视频获客方法论的创业者。

5. 我希望帮助更多的人做什么?——2022 年,我成为一名网红主播,短短五个月全网累积了 20 万粉丝。我希望能够帮助更多人成为网红主播。

6. 我怎么证明,自己提供的资源能适合这类人群呢?——我潜心打磨一套年度课程,帮助你提升流量、实现变现。

大家在写视频号简介的时候,可以直接套用这个公式,很好用。

### 2.2.2 企业品牌类简介的写法

企业品牌简介主要从以下四点来写,如图 2-5 所示。

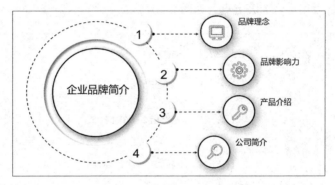

图 2-5 企业品牌简介的写法

介绍品牌理念的,比如特斯拉,如图 2-6 所示。

介绍品牌影响力的,如 Insta360 影石,如图 2-7 所示。

图 2-6 特斯拉简介

图 2-7 Insta360 影石简介

介绍产品的,比如雅客饮品,简介中将旗下的主打产品列了出来,如图 2-8 所示。

介绍公司的,如九号公司,如图 2-9 所示。

第 2 章 ▶ 搭建账号：忽视这三点，就算白干了

图 2-8　雅客饮品简介

图 2-9　九号公司简介

还有一种写法是大公司经常采用的，那就是直接说自己是 ×× 公司唯一官方账号，比如腾讯。这种就非常厉害了，自带流量，如图 2-10 所示。

图 2-10　腾讯简介

有些学员表示，自己目前就是一个普通的自媒体账号，IP 还没建立起来，也不是公司性质，这种情况怎么办呢？我把这种账号称为内容账号，你可以直接告诉用户自己做的是什么内容，也就是你的账号定位；或者告诉别人为什么想做这个内容，也就是你做视频号的初心。如果你有明确的定位，就可以吸引同类人；同时，你的初心也可以感动用户。这就是撰写内容账号简介的两种设计思路，如图 2-11 所示。

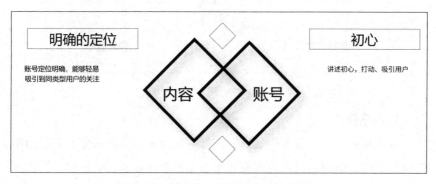

图 2-11　内容账号简介的两种设计思路

## 2.3 你的头像，让人眼前一亮

相对于视频号的名字与简介，视频号的头像更为关键。打开视频号，随便搜一个账号，你是先看头像还是先看名字？

要像你重视朋友圈的头像一样重视视频号的头像。即便无法让用户过目不忘，至少也让人眼前一亮，愿意多为你停留几秒。这几秒决定了用户是否会继续关注你的内容。

### 2.3.1 头像设计的基本原则

关于头像设计的基本原则，如图 2-12 所示。

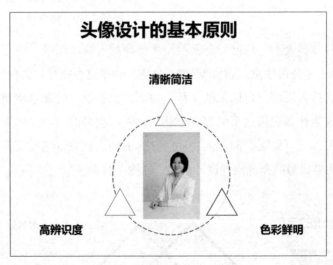

图 2-12 头像设计的基本原则

**1. 清晰简洁**

这个很好理解，首先你选择的图片一定要是高清的，像素太低的图片模糊不清，会影响用户的观看效果。尤其是选用真人头像的，模糊的头像让人没有继续观看内容的兴趣。在这里举几个负面案例，是我随手刷到的视频号头像，如图 2-13 所示。

图 2-13　模糊不清的视频号头像

以上三个视频号头像是我随机刷到的，如果不单独点开图片，只是浏览小图模式，根本看不清，这样会影响用户进一步了解的意愿。

由于图中的微信头像是圆形的，可展示的空间有限，所以要把你想展现的重点内容呈现给用户。例如上图左 1，图中是几个建筑物，中间那个想要展现的建筑，实际上可以进一步剪切，突出中间的建筑物。

同时，由于人们的记忆空间有限，元素越少，越容易被用户记住。例如真人头像，如果选择全身照显然元素过多，而选择肩部以上的部位明显效果会更好。

**2. 色彩鲜明**

我们来做一个实验，在视频号页面搜索关键词"色彩"，然后往下刷，选出第一眼就看中的三个视频号，再跟其他已经扫过一眼的视频号对比，看看是不是那些色彩鲜艳的头像被你选出来了。

头像是否容易被看见，是由亮度差决定的。亮度差越小越难被看见，反之，亮度差越大越容易被看见，如图 2-14 所示。

图 2-14　对比图

**3. 高辨识度**

相对于文字来说，大部分人都是习惯先看图片的。况且，视频号本来就是头像排在首位，文字位居其后。那么想要吸引用户，就需要一张高辨识度头像。如果你是帅哥、美女，选择真人头像就已经具备了高辨识度；如果不是，最好是原创的、独一无二的头像，这就比较考验个人的审美以及设计功底了。

## 2.3.2　头像设计的关键细节

设计头像都需要注意哪些细节呢？有以下三个关键细节，如图 2-15 所示。

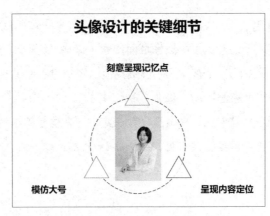

图 2-15　头像设计的关键细节

**1. 刻意呈现记忆点**

将你最想让用户记住的内容作为头像，假如你是一名销售人员，最渴望用户记住你这个人，那么一是要选择真人头像；二是你还想让用户觉得你很权威，那么就要选择穿着正装的形象照。以上都是你可以呈现出来的记忆点，能够低成本加深用户对你的印象。

**2. 呈现内容定位**

通过头像反映出自己视频号要做的内容，例如"嘟厨子"，如图2-16所示。看到这个头像就能意识到这是一个美食自媒体，这种头像能够吸引精准的用户群，假如我是一个美食爱好者，看到"嘟厨子"的头像，肯定会点进来关注内容。

**3. 模仿大号**

关于头像，如果你还没有设计思路，可以挑选一些相关领域的大

图2-16 嘟厨子头像

号，看看人家是怎么设计的，一边参考一边创新，设计出自己的头像。这样做不仅能够节省时间，而且效果一般不会太差。

### 2.3.3 头像的五种类型

头像主要分为五种类型。

**1. 真人头像**

真人头像是最常见的，能够增加用户对你的信任度与亲近感。需要注意的是，最好选择形象照，这样更权威，也更美观。当然，随性而为的照片也会增加亲近感。

**2. 漫画头像**

如果你不喜欢真人头像，或者说你的真人照片没有那么美观，完全

可以设计一个漫画形象，既有个性，又能保留真人头像的亲近感。

**3. 文字头像**

文字头像的优点是简洁明了，具有一定的辨识度，缺点是美观性较差。

**4. 品牌头像**

品牌头像一般用公司 Logo 就行了，既权威又有利于品牌推广。

**5. 美图头像**

选择一张自己喜欢的美图作为头像，例如静物、风景等。

### 2.3.4　关于头像的注意事项

头像的注意事项，一共有四点，如图 2-17 所示。

图 2-17　头像的注意事项

**1. 不要频繁更换头像**

从视频号推广的角度分析，频繁更换头像是大忌。用户本来就对你的视频号印象不深，换来换去更找不到了。除非你是大明星，更换头像会给粉丝带来新鲜感。所以，设计头像之初一定要下功夫，定好了就别换了。

**2. 注意规避侵权风险**

微信头像用明星的就罢了，如果视频号也这样设置就存在一定的侵权风险了。

**3. 不要用有导流动作的头像**

如果头像使用微信二维码或者是手机号，大概率无法通过审核。如果被人举报，系统会强制换掉头像，严重的话还会影响账号的权重。

**4. 清晰度问题**

前面提到过，一定要避免使用模糊画质差的图片。建议头像图片的尺寸在 500*500 以上。

# 第 3 章
# 新手拍短视频，先要知道这些事

## 3.1 这些关键指标，谁忽视谁就吃亏

拍摄短视频有六个非常关键的指标，然而很多新人对这些指标却不够重视。接下来逐一介绍这些指标，如图 3-1 所示。

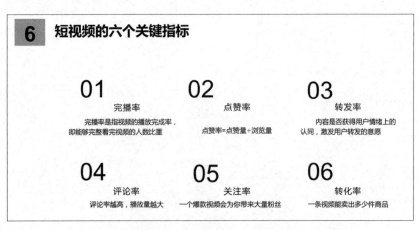

图 3-1　短视频的六个关键指标

**1. 完播率**

完播率反映的是视频的整体质量，代表用户能否从头到尾看完整个视频。如果视频完播率很低，用户看了一会就划走了，你的短视频大概

率不会得到推荐。

那么，怎样提高完播率呢？一方面要靠优质内容，另一方面取决于画面镜头是否多样。此外，画质也很重要。一般来说，只要用好一点的手机拍摄，画质都不会太差。

**2. 点赞率**

如果你的短视频点赞率超过3%，获得算法推荐的概率就会比较大，这是我在各个平台上测试一段时间之后总结的经验。

**3. 转发率**

站在平台的角度，他们希望你的内容能够引起用户情绪上的认同，不仅给你点赞，而且最好能够激发用户的转发意愿。因为转发的行为最符合平台本身的利益，会给平台带来新的流量。

**4. 评论率**

对于新人来说，千分之五的评论率已经非常不错了，高评论率能够有效提升视频的播放量。因此，千万不要忽视这个指标，记得多与用户互动。

**5. 关注率**

看完你的视频后，有多少人会关注你的账号？关注你账号的人都是你的粉丝，意味着你之后的作品会优先推送给他们。

**6. 转化率**

对很多人来说，转化率才是最重要的指标，因为很多人做自媒体的目的就是带货，那么看过你视频的人中到底有多少人会购买你推荐的商品呢？

## 3.2 拍短视频需要很贵的设备吗？

很多新人在入门之前，误以为拍摄短视频的设备很贵，于是还没开始就放弃了。实际上,拍摄短视频并不用购置那么多昂贵的设备,我在这方面就走过弯路。

我之前做短视频投入了三万多元,购置了无人机、单反云台、各种各样的闪光灯等。之后我发现,这些设备并不是必需的,除了手机外,只需要单独花费几百元就够了。

拍短视频,最重要的是满足三个要点,如图3-2所示。

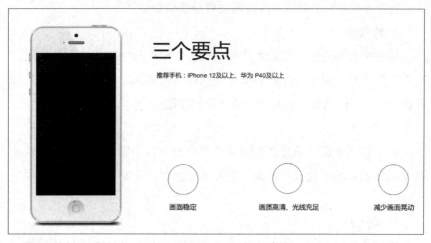

图3-2　拍摄短视频的三个要点

因此,你根本不需要很贵的单反相机,一部好用的手机就够了,iPhone 12及以上型号,或者华为P40及以上型号等,都可以实现。

针对普通质量的视频拍摄,几百元的预算完全够了。一部手机、一个手机支架,选择户外光线充足的地方进行拍摄,就可以制作出一条合格的短视频了。

入门一段时间后,你可能会有进一步的拍摄需求,这时候可以考虑扩充设备,主要包括以下设备,如图3-3所示。

第 3 章 ● 新手拍短视频，先要知道这些事

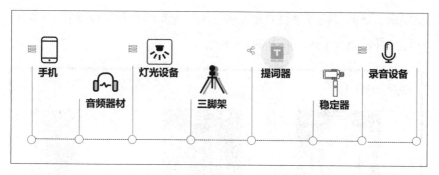

图 3-3　拍摄短视频所需的设备

## 3.3　新人应该选择怎样的设备呢？

上一节我们讲过，一部不错的手机、一个三脚架，这是制作短视频需要的最基础的设备，如图 3-4 所示。

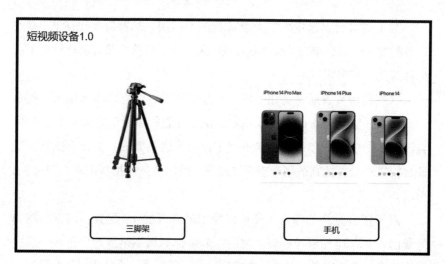

图 3-4　短视频设备 1.0

接下来讲一下进阶设备 2.0：补光灯 + 无线麦克风。如果有进阶的拍

摄需求，还需要购置手机自拍架等。无线麦克风是我比较推荐的，可以去除户外的杂音干扰，如图 3-5 所示。

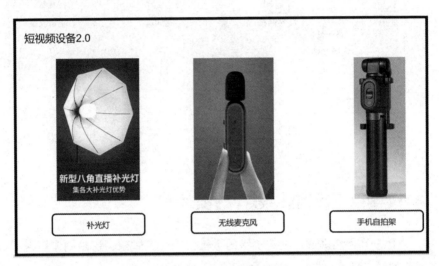

图 3-5　短视频设备 2.0

对于高阶玩家来说，以上装备显然不够用，那就需要进阶到 3.0 的设备配置——云台单反、高级收音麦、无人机……这个预算就比较高了，估计需要三万多元。

这些高级装备还是有用处的，比如手持云台，可以用来拍摄一些运动的镜头，让画面看起来比较稳定。比如你想打造运动方面的 IP，拍摄自己跑步的镜头，利用云台单反肯定比用手机拍要好；而无人机则特别适合拍摄外景，尤其适用于想要体现大气磅礴感觉的拍摄需求，如图 3-6 所示。

对于资金宽裕的新人，还可以使用最高级的 4.0 配置：购置一些拍外景的设备，比如摄像摇臂。之后，如果你做得不错，想要更进一步，就需要组建专业团队，包括一个编剧、一个摄影、一个剪辑、两个导演、两个演员……这样的话，每个月的费用就没有上限了，不同的人员配置，薪资待遇也不一样。

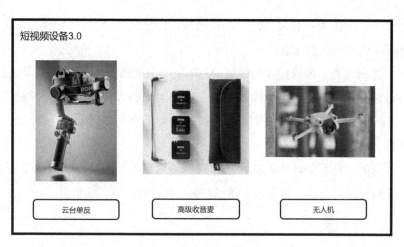

图 3-6　短视频设备 3.0

## 3.4　拍摄与剪辑，三个软件就够了

对于刚入门的新人，拍摄短视频并没有那么复杂，三个软件就够了，如图 3-7 所示。

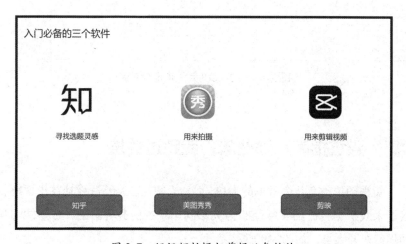

图 3-7　短视频拍摄与剪辑必备软件

知乎。作为目前最热的问答类网站，你想要拍摄哪方面的视频，完全可以从这里找到选题灵感。

美图秀秀。该软件在拍摄的时候有一个美颜模式，无论是横屏拍摄还是竖屏拍摄，选定美颜模式，就会让拍出来的人像显得更瘦，而且其自带的磨皮效果会让人像更好看。我们公司的女同事经常说，如果不开美颜，她们就不出镜。

剪映。把你拍好的素材导进剪映，然后只需要四步，即可完成一个短视频的剪辑。具体是哪四步呢？如图 3-8 所示。

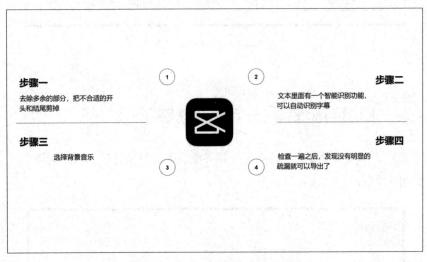

图 3-8　用剪映四步剪辑出短视频

## 3.5 避坑指南：那些年，我踩过的坑

短视频拍摄有几个常见的大坑，而新人往往会毫不犹豫地往里面跳。接下来我根据自己的实际经验为大家制作了一份避坑指南，希望能够帮助你们避开大坑，如图 3-9 所示。

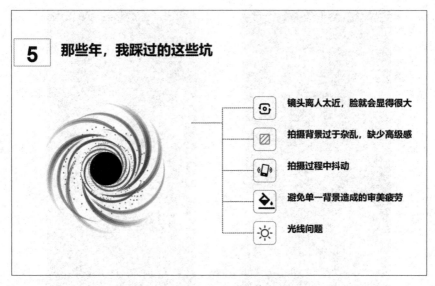

图 3-9　拍摄短视频需要避开的五个大坑

**1. 镜头离人太近，脸就会显得很大**

我们看一下视频中的错误示范，这是我当时拍的一个视频，由于离镜头太近了，显得脸很大，如图 3-10 所示。（完整视频可以下载视频《多元化发展，轻资产运作》）

最近很多网友问我是不是瘦了，其实不是我瘦了，是因为我调整了拍摄手法，离镜头远了。

接下来看一下正确的示范，如图 3-11 所示，利用横屏的方式，让镜头离人 1~2 米远，这种方式就不会显得脸很大了。（完整视频可以下载视频《城市的万家灯火》）

**2. 拍摄背景过于杂乱，缺少高级感**

很多新人由于缺少专业的设备、场地，随便在家里选一个背景就开拍了。然而，杂乱的背景可能让你的短视频起号困难。

其实，选择背景没有那么高的要求，秉持少即是多原则即可。因此，拍摄之前，把那些乱七八糟的东西收起来吧。

图 3-10 视频《多元化发展,轻资产运作》　　图 3-11 视频《城市的万家灯火》

### 3. 拍摄过程中抖动

很多新人拍摄的时候都容易忽视这一点,自己拿着手机拍摄,时间一久就会出现抖动,这会给用户造成很不好的感受。简单的方法就是借助手机稳定器,这类设备并不贵。此外,还需要学习一些拍摄技巧,例如进行平缓的手部动作训练。

### 4. 避免单一背景造成的审美疲劳

如果你的视频每次都是同一个背景,很容易让用户感到审美疲劳。因此,你需要不时更换一下背景。

### 5. 光线问题

光线太暗或者太亮都会影响成片的效果,让用户往往在第一时间选择放弃观看视频。

# 第 4 章 学会这些运营策略，迅速扩大视频号影响力

## 4.1 打造爆款，必须先搞懂视频号的推荐模式

想要拍出爆款视频，就需要先了解视频号有哪些推荐模式。视频号的推荐模式有三种，如图 4-1 所示。

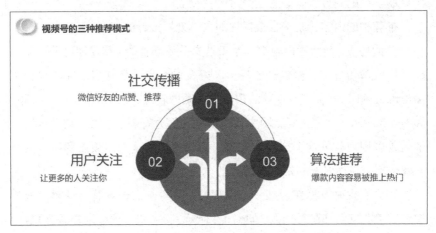

图 4-1 视频号的三种推荐模式

### 4.1.1 社交传播

视频号会根据用户好友的发布、点赞、关注、评论、转发等行为，为用户优先推荐相关视频。

社交关系链有多重要？这是我朋友的一张视频号截图，入口处分别是"关注、朋友、推荐"，如图4-2所示。

图4-2 视频号截图

关注栏的内容，显示的是你关注的人发的视频。

朋友栏的内容，是好友点赞过的视频。

推荐栏的内容，是平台根据你的兴趣爱好推荐的视频。

也就是说，前两栏内容都是基于社交关系推荐的，重要性可见一斑。如果你的微信好友、微信群比较多，好友给你点的赞越多，你的视频传播得也就越广。好友点赞推荐的逻辑很像微博转发，我随机搜了一个视频，如图4-3所示。大家注意，图中我画框框的部分有一个心形，数字越高，说明越多用户认可这个视频的内容。那么当你给这个视频点赞的时候，它就会出现在你好友的视频号推荐里。

当你发现好友都在看某一个视频时，你也会点击观看该视频，因为你想知道朋友们都在看什么。如图4-4所示，一共有5个朋友在看该视频，那么你也会好奇，想知道他们都在看什么。

这就是微信视频号的社交传播方式。这里面隐藏着一个心理学效应——从众效应，是指当个体受到群体的影响时，会怀疑并改变自己的观点、判断和行为，朝着与群体大多数人一致的方向变化。

图 4-3　武警战士坚守岗位　　　图 4-4　视频案例

关于从众效应,心理学家做过很多非常经典的心理学实验,下面介绍其中的电梯实验。

实验一开始,电梯中只有被试者一个人。紧接着,进入一个实验人员,他按下楼层按钮之后,选择背对着电梯门站立。

之后,又走进来一个实验人员,依旧是按下楼层按钮之后,选择背对着电梯门站立。

此时的被试者移动了位置,从电梯角落走了出来。之后,第三个实验人员走进电梯,重复之前的步骤。

此时的被试者移动到空间较为宽敞的地方,并用手摸了摸鼻子,满脸疑惑地观察周围人的情况。

这时有意思的情况发生了,被试者也转过身。

该实验后来又换了一种方式,实验人员最初进入电梯的时候并没有背对着电梯门,而是在电梯运行过程中突然转向,结果被试者同样会受影响，跟着做出转身的行为。

　　这个实验表明，群体行为会对个体造成压力，并迫使个体做出违反自身意愿的事情。

　　这就是人们常说的"随大流"，回想一下几年前股市火热的时候，当你发现身边的朋友都在炒股，而自己没有炒股，会不会担心自己错过了一个时代？同样的道理也存在于视频号的传播过程中。

　　关于视频号的点赞，其实就类似于分享微信公众号的文章，也就是转发。所以大家记住一句话，每一次点赞就是一次转发，平台会主动将点赞的内容推荐给更多有共同兴趣的好友。

## 4.1.2　用户关注

　　你的视频号订阅人数越多，你的视频被推荐的覆盖人群就越大，那么视频的阅读量肯定比粉丝少的人要高得多。

　　如果视频号主打算做个人品牌，那就要想办法让喜欢你的人关注你的视频。随着关注你的人越来越多，你新发布的内容推送至人群的覆盖面就会越广。

　　当用户对你的视频感兴趣后，会希望看到更多的内容，那么就必须点击你的头像进入主页，这也是之前我们强调的，为什么你的名字、头像、简介都要吸引人。

　　用户进入主页之后，会看你发布的其他视频，如果感兴趣就会关注你。

　　我非常幸运，有幸在短短两个月的时间就积累了8万多的粉丝，实现了第一波原始粉丝的积累。以下是我的主页截图，如图4-5所示。

图4-5　我的视频号主页截图

所以，如果你打算做个人品牌，一定要早一点在自己的视频号上面想方设法地沉淀精准粉丝。

### 4.1.3 算法推荐

值得注意的是，在这个阶段，有的账号粉丝数并不多，但是只要你的内容足够好，足够吸引人，那么你就有机会通过视频号的后台算法，被推到更大的流量池子。

首先，视频号通过这样的算法，已经有大量的十万赞的视频纷纷爆发。

其次，平台也希望鼓励真正的好内容，因为这些好内容能够帮助平台留住用户，让用户在平台里能够停留更长时间。

只要你的内容是好内容，视频号在算法的阶段会给每个人上热门的机会。

图 4-6 视频号截图

所以说，在视频号的早期阶段，每个赛道都是一片空白，每一个人都应该好好想一下怎么利用平台提供的福利空间，让自己的视频能够上热门。

## 4.2 为什么你的视频没人点赞？

很多新人刚开始做短视频时，会发现自己的作品点赞数寥寥无几，而那些爆款视频的点赞量 10 万+。实际上，想要获得高点赞量并不容易，你看我做了那么多视频，也只有一期视频点赞量超过了 10 万+，如图 4-7 所示。

想要打造出 10 万+的点赞视频，关键看内容，此外，还有一些非常有效的引导方法，如果内容足够精彩，再加上巧妙的引导，点赞量自然会高很多。

图 4-7　视频名《体制内》

接下来介绍四种获得高点赞量的方法，如图 4-8 所示。

#### 10万+点赞的引导方法

**手势引导**
视频录制过程中伸出大拇指给自己点赞

**剪辑+点赞**
在视频里贴上大拇指点赞图样

**文案引导**
在视频上加文案进行引导

**字幕暗示**
在视频中加上字幕进行引导

图 4-8　视频号点赞引导方法

## 4.2.1 手势引导

在录制下面这段视频的过程中，我伸出了一个大拇指，这就是在引导观看视频的用户点赞，如图4-9所示。

这是一种很明确的提醒方式，提示用户如果觉得这个视频讲得还不错，可以点个赞。虽然只是一个简单的引导，但是当你做出这个手势后，用户又觉得你的视频不错，就会很自然地给你点赞。

新手视频的点赞量想要过50都很不容易，所以放平心态，不要一开始就想着1万+、3万+、10

图4-9 视频名《亚朵酒店今日上市了》

万+的点赞量，这样会让自己产生强烈的挫败感。从每一条视频争取能够破10个赞开始，慢慢地积累，不断地做出更优质的内容，一步一个台阶往上走。

## 4.2.2 剪辑+点赞

有时候，在录制视频的过程中忘记加入手势引导了，你还可以通过后期剪辑进行点赞引导。请看图4-10，我直接在视频里加上了"点关注"的图样，这也是一种引导方式。

这种做成动态效果的点赞提示，可以激发更多用户进行点赞尝试。

这里介绍一个独家秘籍，我刚做视频号的时候，想到了一招——双击我的脑门儿有惊喜。很多人就很好奇，双击小野的脑门儿能有什么惊喜？当他们尝试双击我的脑门儿时，就给我增加了一个赞。

各位视频号主可以结合自己的特点设计不同的梗,例如"拍拍我的肩有惊喜""点点我的脸有惊喜"……这些梗能够起到有效的引导作用。实际上,只要用户双击屏幕就会增加一个赞。

### 4.2.3 字幕暗示

字幕暗示一般放在视频的最后一帧,如图4-11所示。

我在视频结尾的时候打上了一句话"一定要给我点赞啊",这就是在引导用户给我点赞。类似的字幕还有很多:"关注我不迷路""关注主播,带你认识×××行业""这么有趣的灵魂不认识一下吗?"

图4-10 视频名《上海落户新政策》　　图4-11 视频名《短视频常见的弯路》

## 4.2.4 文案引导

最后一种是文案引导。一条优质的文案，很容易吸引用户点赞。如图 4-12 所示，我在评论区加了一条文案："雪莲冰块意外走红，13 年坚持不涨价，一般只卖 5 毛钱~觉得主播说的有道理的点个赞吧~"。

图 4-12　视频名《雪莲冰块意外走红》

介绍一个小技巧，在文案的最后可以加上❤，很多人就会忍不住点赞。

通过以上四种方式，能够有效引导用户对你的视频内容进行点赞。点赞量越高，意味着你的视频扩散得越广。

## 4.3 提升阅读量，这五招就够了

如果你的短视频点赞量很高，恭喜你。但是千万不要得意，点赞量高的确意味着有很多人刷到你的短视频,然而,刷到你的短视频跟认认真真看完你的短视频是两个概念。

我们会在微信朋友圈刷到很多朋友的信息,但是我们真的会一条条阅读吗?不一定,我们会跳过大部分不感兴趣的内容。那么,怎么让别人关注我们的内容?这就需要提升短视频的阅读量。提升阅读量的五种引导方法如图 4-13 所示。

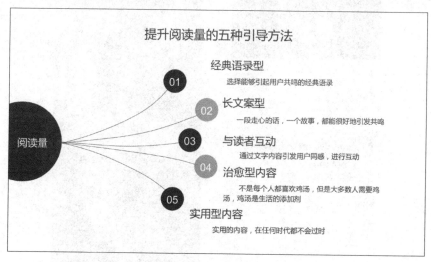

图 4-13 提升阅读量的五种引导方法

## 4.3.1 经典语录型

一句经典语录就能够直击用户内心深处,引发共鸣。如图 4-14 所示,我的这条短视频中就有一条经典语录,即"仓廪实而知礼节"。

类似的经典语录还有很多。

你挺可怜的,喜欢的得不到,得到的不珍惜,在一起时怀疑,失去了怀念。怀念的想相见,相见的恨晚,终其一生,满是遗憾。

人生除了生死,都是小事。

初听不知曲中意,再听已是曲中人。

失恋的人、为爱所伤的人、内心有故事的人……当他们看到这样的语录，再听着伤感的音乐，很容易引发回忆，触动内心。

很多用户连视频都没看，就因为一句走心的文案，就会点赞。为什么？他不是为你点赞，而是为自己点赞。

### 4.3.2 长文案型

很多人不知道，视频号发布的文案目前最多支持 1000 个汉字。所以如果你的文案足够精彩，不用担心字数限制。

作为视频号主，可以把整条视频的来龙去脉都写清楚，如图 4-15 所示。

当用户读完这段文字之后，如果还没有弄明白，或者还想看更多内容，可以点击下面的文章链接，更详细地阅读。

视频号其实是支持长文形态的，如果你想做好内容，就要研究怎么把你的内容与平台功能完美地匹配。

图 4-14　视频名《二舅》

图 4-15　视频名《亚朵酒店今日上市了》

### 4.3.3 与读者互动

看一下这个视频,我的文案是"都来算一算这道数学题,看看有没有课代表",如图4-16所示。

这就是互动型的引导方式。很多人在这个视频的评论区发表自己的看法,我也会针对网友的回复持续进行互动。

### 4.3.4 治愈型内容

治愈型内容,无论是文字、音乐还是视频,都有一大群受众。通过生活中的一些家长里短的小短片,都能够引发用户共鸣,如图4-17所示。

图中的文案虽然很短,但是内容治愈,自然会引来很多人的点赞和收藏。

图4-16 视频名《都来答一下这道题》

图4-17 视频名《释怀》

## 4.3.5 实用型内容

实用型内容也就是通过一些实实在在的内容获得用户关注、点赞,如图 4-18 所示。

教你几个厨房清洗小妙招。这类实用型的内容,很容易引起大家的点赞收藏,因为大部分人在日常生活中都用得到。这类视频也因此更容易成为爆款。

图 4-18　视频名《厨房清洁小技巧》

## 4.4 适合新手的视频号涨粉技巧

视频号快速涨粉的技巧很多,本节会介绍三种适合新手的涨粉方法,如图 4-19 所示。

图 4-19　视频号涨粉技巧

### 4.4.1 视频内提示关注

在视频中，视频号主可以通过文字、图案进行提示，通过这种引导方式增加关注人数，如图 4-20 所示。

我在视频的结尾加上了"点关注""点赞"的图示，目的就是提示观众关注和点赞。现在很多视频号主都在绞尽脑汁想创意，当我们发现好创意的时候就可以学习、借鉴。

### 4.4.2 主页引导

这种方式就是在主页直接放引导图案或者文字，不用过多介绍。如图 4-21 所示，主页挂上添加微信的链接，粉丝就可以一键添加关注了。

图 4-20 视频名《通缩》　　图 4-21 我的主页截图

### 4.4.3 文案引导

在发布每条短视频的时候，可以增加一条文案，引导大家关注账号，如图 4-22 所示。

图 4-22 视频名《通缩》

## 4.5 为什么你的视频没人转发？

为什么别人的视频转发率很高，而你的视频却没人转发？除了内容本身的原因外，很多新人都忽视了以下两点。

### 4.5.1 激发用户共情

什么样的内容会被用户转发呢？自然是感染力强、能够引发用户共鸣的内容，如图 4-23 所示。

文案如下：

分享一段话给你：把时间分给睡眠，分给书籍，分给运动，分给花鸟树木和山川湖海，分给你对这个世界的热爱。当你开始做时间的主人，你会感受到，平淡生活中喷涌而出的平静的力量，至于那些焦虑与不安，自然烟消云散。

这一段视频之所以能够成为爆款，就是因为文案充满了正能量，道出了很多观众的心声。

只要有好内容，就不用担心用户不点赞、不转发。

图 4-23　视频名《平静的力量》

### 4.5.2　微信群扩散法

很多新人能够想到通过微信群来宣传自己的视频，但是他们只是简单地将视频转发到微信群，告诉群友自己拍了一个视频，请大家看一看；还有一些新人会发个红包，请大家帮忙点赞、转发。

事实上，仅仅把视频丢到群里是没有效果的。我的建议是你的视频一定要与群里正在聊的话题结合起来。

我的视频号是教别人做视频的，我拍了很多教程视频，可是我有必要每拍一个教程就转发到各个微信群吗？以我的经验，这样做的效果并不好。我的做法是在各个微信群默默地观察，看大家都在聊什么。等到有的群突然在聊和做视频相关的内容时，我就"蹦"出来了，如图 4-24 所示。这个时候，当我把自己的教程视频发到微信群后，点击量就会明显高很多，不仅是提出问题的群友会点开视频观看，那些对这个话题感兴趣的潜在群友也会点击。

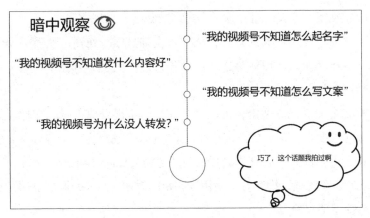

图 4-24　示意图

往微信群转发视频的时候,一定要记住两个关键词,如图 4-25 所示。

第一个关键词是场景,即群里在聊什么话题,视频号主就抛出与之相关的视频内容,然后给出一个理由,这样大家就会觉得你的视频非常客观。

假设群里正在讨论有关孩子学习的问题,而你刚好有相关的视频,就可以在合适的时机转发到群里,然后简单地陈述一下自己的理由,效果就会很好。我总结了一个模式。

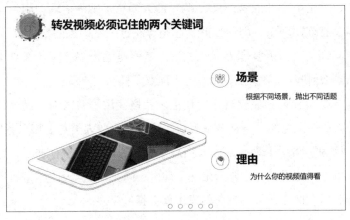

图 4-25　转发视频的两个关键词

暗中观察→寻找时机→插话→抛出视频→给出理由

不要简单复制上面的模式，比如每次都是插一句话，然后丢出一个视频，这样会让人觉得你是在打广告。在具体应用的过程中，你可以根据情况找出适合自己的模式。

第二个关键词是理由，也就是为什么这个视频值得看。在你说出具体理由的时候，一定要加上"因为"这个词。在这里讲一个心理学实验。

这是由哈佛大学心理学教授埃伦·兰格（Ellen Langer）做的一项实验，当人们在图书馆排队等待使用复印机的时候，她试图插队复印资料，并先后使用了三种说辞。

第一种："真不好意思，我要复印5页纸，因为赶时间，我可以先用复印机吗？"

第二种："真不好意思，我要复印5页纸，我可以先用复印机吗？"

第三种："真不好意思，我要复印5页纸，我能先用复印机吗？因为我必须印点儿东西。"

如果是你，会怎样选择？很多人都认为自己不会答应对方插队的请求，但事实如何呢？

关于第一种说辞，94%的人答应了，"赶时间"确实是一个说得通的理由；关于第二种说辞，只有60%的人同意了她的请求，因为实际上她根本没有陈述理由，即便如此，还是有超过一半的人同意了；关于第三种说辞，"我必须复印点儿东西"，是不是觉得"这算什么理由？"然而结果如何呢？居然也有93%的人同意了插队。

是不是很神奇？原因就在于埃伦·兰格使用了"因为"这个词，它触发了人们模式化的、自动顺从反应，这种行为在人类身上相当普遍。

"因为"暗示了理由，而人们总是希望自己的行动有理由。这就是为什么抛出视频后，一定要给出一个理由，同时加上"因为"两个字。

做到以上两点，你的视频转发率就会提升。

# 第 5 章
# 视频号大众心理分析（技巧篇）

## 5.1 接收感官改变了

为什么我们会对短视频上瘾？

管理学中有一个"瓜子理论"，指的是人们无论喜欢与否，只要看到瓜子，就很容易拿起第一颗瓜子，之后就停不下来了，即便在嗑瓜子的过程中做了一些其他事情，回到座位之后依旧会继续嗑瓜子，直到吃完为止。

为什么会这样？主要有三点原因，如图 5-1 所示。

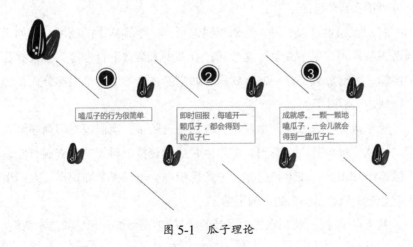

图 5-1　瓜子理论

嗑瓜子与刷短视频的行为很像，根据认知心理学的理论，人们形成短时记忆的时间为 15 秒到 20 秒，而一条短视频的时长正好是 15 秒。

15 秒很短，通过深邃的文案、动听的音乐，以及让人戛然而止的视频，人们就会产生意犹未尽的感觉，从而导致蔡格尼克记忆效应的发生。

蔡格尼克记忆效应，指人们对于尚未处理完的事情，比已处理完成的事情印象更加深刻。在这种效应的影响下，人们才会不断地刷视频，获取更多快感。

短视频和其他图文形式最本质的区别，就是接收的感官发生了变化。以往信息会出现在报纸、杂志、书籍上，以看书为例，当我们读书的时候，信息的接收感官是眼睛，如果闭上眼睛，也就没办法看书了。

而短视频的接收感官，除了眼睛外，还有耳朵，这是一个很重要的改变。某些类型的短视频，比如解读类内容，如果你对主播没兴趣，完全可以不看他，而仅仅用耳朵听他的解读就可以了。

接收感官不一样了，相应的改变也就发生了。举个例子，比如说我现在读一本历史书，读到了"甲午战争"的内容，书里面并没有详细的介绍，而我对这段历史不清楚，必须查一下，否则后面的内容看不懂。这个时候，我就可以通过百度来查询这段历史，也就是说，当我们在看书的时候，是可以按下暂停键的。

看短视频也可以暂停，然而当我们听到一个不熟悉的领域，比如听到短视频提到"甲午战争"这个词，有多少人会按下暂停键呢？根据我的经验，大部分人都是一遍听到底，如果实在听不懂，绝大部分人就会直接划走，不看了。

对于大多数人来说，学习是一件很痛苦的事，而刷短视频则能给人带来快感。很少有人在听到某个陌生领域时会按下暂停键，查查百度，搞懂这个知识点。如果是这样，一条视频中会出现很多知识点，人们很快就会意识到这是多么痛苦的事情了。

基于以上理论，我们在做短视频的时候，就需要进行相应的技术调整。

## 5.2 短视频文案不要用晦涩难懂的内容

大脑平时的能量消耗是很大的,即使不作任何思考,成人的大脑也会消耗整个身体 20% 的能量。也正因为这个原因,大脑是非常会偷懒的,它会自动优化效能,这也是人类进化后的一种自我保护的本能反应。

例如走路,这是我们每一天都在重复的动作,大脑不会去想每一步要怎样抬腿、先迈左脚还是先迈右脚……而是建立了一个简单的神经回路,不用启动更多脑区、消耗过多能量,就可以完成走路的动作,这样的机制被称为"肌肉记忆"。

美国心理学家丹尼尔·卡尼曼,他将大脑这种试图偷懒的思维模型称为启发式思维,也就是说当人们面临一个复杂问题时,不会考虑问题的每一个方面,而是依靠直觉和惯性思维去考虑几个关键点,而且一旦感觉考虑得差不多了,就会停止思考。

这就导致人们会受到刻板印象的影响,也可以简单地理解为偏见、成见,它是由美国著名新闻学者李普曼于 1922 年在《公众舆论》一书中提出的。

例如,当人们看到一个衣衫褴褛的人,就会认为他是一个乞丐,因为平时看到的这类人大部分是乞丐,大脑已经形成了这样的认知,所以再见到类似情景时,就会不加思考地得出答案。

此外,大脑更偏爱容易想到的事情。以不同交通工具的事故率举例,开车的事故率远比乘坐飞机高得多,然而由于空难的报道更容易被人们记住,人们会理所当然地认为,坐飞机的事故率要高一些,而不会精准地计算飞机与汽车发生事故的概率。

读书的时候可以按下暂停键,而且很多人也习惯这样做,看到不懂的内容时,人们习惯性地去查资料,而短视频则不行,这是视频号主一定要注意的地方。既然大多数人在看视频时不会按下"暂停键",也就意味着你在制作视频的过程中,绝对不能加入一些晦涩难懂的内容。

举例来说,"文彩承殊渥,流传必绝伦",这一句诗读起来很美,很有意境,如果出现在书里,很多感兴趣的读者就会按下"暂停键",查一下这句诗出自哪里。(这是杜甫《寄李十二白二十韵》中的一句诗,大意是他那惊天地、泣鬼神的诗篇必将万古流传)然而,这句诗如果出现在短视频里,听一遍也就过去了,没人会暂停视频去查资料。刷短视频本来就是为了获得快感,而不是学习晦涩难懂的知识点。

试想一下,一个人劳累了一天后,洗完澡躺在床上刷刷短视频,这时还会想去查一个知识点吗?很少有人会在刷短视频时按下"暂停键",因此短视频博主在给视频配文案的时候,也要越简单越好。

## 5.3 用户的耳朵最喜欢什么样的内容?

了解了短视频文案和传统文案最大的区别,视频号主就需要更进一步思考,什么样的内容最能够让用户的耳朵接受?

现实生活中,我们的耳朵什么时候最放松?其实就是我们平时聊天的时候,与朋友对话、与父母闲聊,这时候大脑是最放松的。

这就说明,口语化的内容最容易被人接受。那么我们在做短视频的时候,也需要注意这一点。

然而,视频号主在配文案的时候,往往会在不经意间配上一些不太口语化的词汇,而自己则完全没有意识到。这跟写书刚好相反,过于口语化的内容可能根本达不到出版标准。

记住一个秘诀,考量文案中是否存在非口语化的词汇,就是你平时说话的时候,会不会真的说到这个词。

举例来说:

"我觉得××是一个很好的领袖。"

"领袖"这个词就不符合口语化的标准。如果要夸一个人很有领袖的风范,口语化的说法是"××的领导能力很强""××是一个好领导"……

在短视频中,"领袖"就需要改为"领导""老板""大佬""大哥"……

我再举几个例子,以便读者更好地感受一下,如图5-2所示。

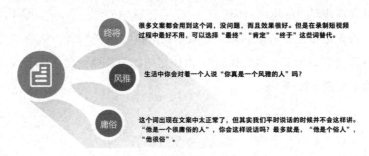

图 5-2　具体案例

总之,我们要把文案中所有不够口语化的词语去掉。接下来是一个练习,如图 5-3 所示。

> **练习**
>
> 从你已经制作完成的视频中挑选 5~10 个词,替换为更加口语化的词汇,进行对比并感受效果。
>
> 当你逐渐掌握了这种方法后,可以从词语练习扩展到句子练习。

图 5-3　练习

## 5.4 学会联想,让你的作品"有点意思"

首先要知道联想在短视频制作中的目的是什么?

增加短视频的趣味性、浪漫性、可读性。

如果我们把短视频比作一辆赛车,那么联想的作用就是把赛道拉得更宽,让你的短视频有更多的表达方式。

一条短视频中有趣的内容，很多时候并不是最初写作的时候就能想出来的，而是后期通过联想发散出来的。

联想的本质，不是让你在写每一句话、每一个段落时都要发散思维，而是要养成联想的思维习惯。

发散思维的核心就在于，当我们面对事物 A 的时候，能够通过发散思维联想到事物 B，然后找出 A 和 B 之间的关联性，建立逻辑线，发散思维示意图如图 5-4 所示。

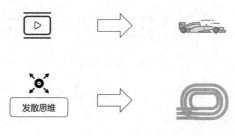

图 5-4　发散思维示意图

## 5.5 你知道吗？词语也有情绪

想要写出精彩的短视频文案，就要学会正确用词，那就需要精准认识到每个词语的词性，因为每个词语富含着不同的情感。

我的粉丝经常私信我，说我的短视频内容太精准了，讲得太通透了，其中很重要的一点就是因为词用对了，这个词所蕴藏的情感与我描述的事情实现了契合。

一旦用对了词语，你的表达就会更有张力，内容也会更有戏剧性，从而激发出用户的情绪共鸣。

很多人的短视频不吸引人，就在于用词不够精准，没有选择与事件情绪相吻合的词语。

接下来我用两个例子进行讲解，以便读者更好地感受一下不同词语之间细微的差别。

**1. 短视频标题——"女孩子们一定要清醒奋进"**

这条短视频想要表达的意思是女孩子一定要头脑清醒,在这里,我用了"清醒奋进"这个词,如图5-5所示。

"头脑清醒"所表达的情绪性明显不如"清醒奋进",后者会给人一种积极向上、昂扬奋斗的感觉。尤其是感性的女性用户,会很容易激发她们的情绪。

**2. 短视频标题——"2022年也许是个人服务商崛起的元年"**

这条短视频讲的是,2022年是个人服务商崛起的一年,我将"一年"换为了"元年"。大家感受一下哪种效果更好?听到"元年"这个词,是不是有一种气势磅礴的感觉?

如果正有做自媒体打算的用户,听到这里就会被成功调动兴趣,他们会意识到这是一次难得的机会,会愿意看完整条视频,如图5-6所示。

图5-5 视频名《女孩子们一定要清醒奋进》

图5-6 视频名《个人服务商崛起的元年》

各位视频号主在做短视频的时候,一定要选择一些能够调动用户情绪的词语,这样更容易激发情绪共鸣,从而让短视频的数据更好看。

# 第 6 章
## 爆款短视频大众心理分析（思维篇）

### 6.1 钩子思维——如何下钩子，让用户不舍得划走

什么叫作钩子思维？顾名思义，在短视频领域，你的内容要尽可能吸引用户。

广告文案与传统文案存在很大区别，传统文案可以把内容写得很深，比如写一篇深度文章，甚至是写一本书。但是广告文案则不同，必须抓住重点，快速吸引用户关注，好的广告文案要能够戳中用户痛点，实现价值变现。

短视频脚本文案就像是广告文案，它们的底层逻辑都是一样的。

美国作家约瑟夫·休格曼，精通广告文案，他写了一本畅销书叫作《文案训练手册》，专门教读者写广告文案。

这本书阐述了一个经典的理论：在短视频脚本文案里，你的标题只是为了让用户看你开头的第一句话，这就是标题的所有意义。

什么意思呢？

标题是为了吸引用户看第一句话，而第一句话的目的是吸引用户继续看第二句话，以此类推。

视频的前 5 秒是为了让用户多看 5 秒，前 10 秒是为了让用户再看 10 秒，以此类推，最终在不知不觉中看完整条视频。为了实现这个目的，

就需要在视频制作过程中下钩子。只要是能够成功吸引用户的内容,都叫钩子,目的就是让用户多停留一会儿。

钩子就像相声段子中的包袱,有人说,钩子不好想,太费脑子,只在开头放一个行不行?如果听相声,只是开头让你乐了一次,你会一直听完吗?因此,对于短视频来说,要在每 5 秒,或者是每 10 秒,都下一个钩子。每下一个钩子,都是为了让用户继续看后面的内容。

在下钩子的时候,有三点注意事项,如图 6-1 所示。

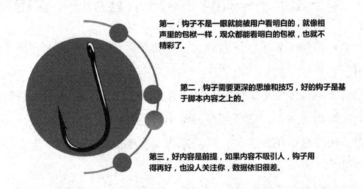

图 6-1　钩子思维

举两个例子:

### 1. "今年的 618"(如图 6-2 所示)

"我看 618,很多电商商家已经开始分化了",这是一句总结性的语言,也是一个绝妙的钩子。开门见山,告诉大家接下来这条视频讲的内容。

"支撑不住的基本就放弃躺平了",这是其中一种情况,"剩下一部分还有一口气在,准备殊死一搏了",这是另一种情况。

接下来马上再抛出一个钩子,"而到这几天,大家才开始谈论关注中小民营企业,我想说,晚了。一个月前这波中小企业主还是信心满满的,现在呢？基本不说话了。"看到这里，用户会想知道，为什么都不说话了？于是继续往下看。

紧接着，我再抛出一个钩子："正如评论区有人回复的，经济不是地上的卡车，而是天上的飞机，你踩一脚刹车呢，它不是停下来，而是掉下来，你想重新起飞，不是踩一脚油门，而是需要跑道和很长的爬升。"

最后一个钩子，引用了一段经典的言论，类似这种言论一般都可以吸引用户看完整条视频。

图 6-2　视频名《今年的618》

### 2. "大游轮转弯"（如图 6-3 所示）

这个视频的开头即钩子，"未来的竞争一定会越来越残酷。"用户会结合目前的艰难现状，想知道未来到底会有多艰难。

紧接着抛出第二个钩子，"至少五年内，大家都会觉得很累，工作越来越不好做，付出越来越多，收入却越来越少"。第二个钩子道出了目前的现实情况，让用户感同身受。

这时，再抛出第三个钩子，"这种感受，不光是那些打工的人，还有那些拥有资源的人，比如说……"

图 6-3　视频名《大游轮转弯》

为什么有资源的人也会越来越难呢？具体又是指哪些人呢？

用户会带着好奇心继续往下看。

在连续抛出三个环环相扣的钩子之后，最后给出总结："造成这样的结果，是因为我们的发展方向在转向。"

总结如果不够经典，一般会很无趣，所以必须用到足够吸引人的内容才可以，比如前面的案例，使用了一段经典言论；而我们这段的总结，又给出了一个钩子，"不知道大家有没有见过那种大游轮，在转弯的时候，它转得很慢……"通过举例，成功激发用户的好奇心，大家会想知道"大游轮是怎么转弯的？"于是，也就将这条视频从头看到尾了。

这就是钩子思维的神奇之处，全文都在巧妙地下钩子，用户根本意识不到，这就是前面注意事项中的第一点，下钩子不能被用户识破。

第二点，钩子一定要足够深，也就是要深挖用户痛点，钩子下得越深，越能抓住用户。

第三点，也是最重要的，你的内容一定要有价值，这样用户就不会轻易划走了。

## 6.2 朴素思维——要接地气，不要用高大上的专业词汇

如今短视频越来越火，很多行业的教授、专家也来凑热闹，但是这些人往往做不好短视频，其中很关键的原因就在于他们讲的内容太专业了，用户听不懂，或者是反应不过来，于是就直接划走了。

教授、专家与用户的认知不对等，专家们自认为已经在用很简单的话讲解了，然而却没有考虑到大部分用户的接受水平。

短视频的文案一定要简单，能让大部分用户看懂。

举一个很简单的例子，你给孩子辅导作业，一道很简单的应用题，

你费劲讲了半天，孩子就是听不明白，急得你原地转圈。实际上，这是因为作为家长的你忽视了正在读小学的孩子的认知水平，你没有感受到他接收、消化信息的难度，如图6-4所示。

图 6-4　认知不对等

在日常输出内容的时候，针对不同的用户群，输出内容的方式是不同的。试想一下，你是某行业的专业人士，如果输出对象是同事，那么直接讲专业术语就可以了；如果你的受众群体是大众用户，过多的专业词汇谁能听得懂呢？如图6-5所示。

图 6-5　对比图

在做短视频的时候,首先要确定用户画像,分析他们的认知水平处在一个什么样的程度。之后围绕他们能够听得懂的话,进行内容输出,如图 6-6 所示。

介绍一种通用的方法——朴素思维,也就是说,在你的短视频脚本中不要出现那种只有行家才能听懂的专业词汇。

看一个案例,如图 6-7 所示。

在这个例子中,我用非常简单浅显的语言解释了什么是通胀通缩。我是这样讲解的。

通缩和通胀是不一样的。简单点说,通胀是货币贬值,资产价格上涨。而通缩是货币升值,资产价格下跌。一旦遇到通缩,现金是最值钱的。

此外,还有一些网络流行语也尽量不要用,例如"内卷""凡尔赛""emo""yyds"……试想一下,当你在看短视频时,如果不是对这个视频或者这些词特别感兴趣,你会特意去查一下还是直接划走?

总之,你所表述的内容越简单、越直白,效果往往也会越好。在此,我介绍一些比较实用的小技巧,

图 6-6 确定用户画像

图 6-7 视频名《通缩》

如图 6-8 所示。

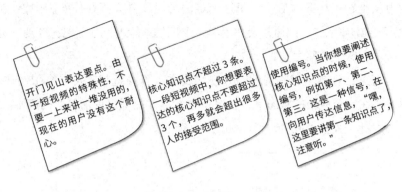

图 6-8　实用技巧

## 6.3 ▶ 60 分思维——脚本初稿，及格就好

有些新人天真地认为，写完一篇短视频脚本，就能成为爆款文案了。这几乎是不可能的，凡是真正能爆的文案，需要契合用户心理的诸多因素，例如口语化、下钩子、非专业词汇等。这些因素叠加到一起才可能成为爆款，而这样的内容一定是经过无数次修改的。

短视频脚本初稿的构思很重要，其次就是后期的修改。所谓 60 分思维，就是想告诉视频号主，前期不用追求完美，对于初稿来说，达到及格线就可以。

我最开始写内容的时候，对自己的要求很高。我当时的想法是，第一遍尽可能写得好一些，至少达到 80 分以上，这样后面需要修改的内容就会少一些。

然而，当我这样要求自己的时候，会背负很大压力，结果发现灵感没了，思维也无法发散开来，尽管花费很多时间和精力，写出来的内容却让我很不满意。

西北大学心理学教授马克·比曼（Mark Beeman）说过："当你把注意力从难题中移开之后，关于这个难题的灵感其实正在你的脑中悄然孵化。"他还说："人们通常会在思考一个问题一段时间后，把它放到一边，然后才会产生洞察力。"

可见，你越是想一遍就写好视频脚本，思维就越有可能被限制住。你需要在完全放松的状态下，让灵感迸发，才能写出更加精彩的脚本。

对此，我推荐几种方法，如图6-9所示。

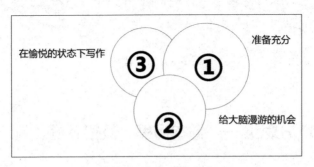

图6-9 文案写作方法

**1. 准备充分**

在你的大脑中，一定要对短视频内容做好详细的准备，将各种需要的素材存放在大脑后台。当你在放松状态下，其中一些素材就会转变为灵感蹦出来。

**2. 给大脑漫游的机会**

要给自己制造充分放松的机会。美国加州大学圣塔芭芭拉分校心理学和脑科学教授乔纳森·斯库勒(Jonathan Schooler)表示："干一些不需要太集中精力的事情时，似乎能培养出'高效地走神'，这个时候最容易爆发灵感。"

怎样"高效地走神呢"？散步就是很好的方法，达尔文、爱因斯坦……很多伟大的思想家都喜欢长时间散步。或者，你可以边听音乐边做家务，说不定会帮助你达到走神的最佳状态哦。

每个人的放松方式不一样，找到自己喜欢的方式，让自己在放松的状态下爆发出更多灵感。

**3. 在愉悦的状态下写作**

如果你处于负面情绪之下，请停下手里的工作，因为这时候写出的脚本99%不理想。对于创作工作，必须在心情愉悦的状态下进行。研究表明，置身于大自然中，只需要五分钟就足以让人心情愉悦。

# 下 篇
# 视频号脚本撰写与直播、私域变现

# 第 7 章 视频号脚本详解——选题篇

## 7.1 写脚本之前，你要清楚用户想看什么

几乎所有做短视频的人都会告诉你，要把内容做好才会有流量。那么问题来了，什么才是内容？我认为内容无非就是文案脚本。那是不是文案写好了就一定能成为爆款呢？这个问题就像是在问：我买彩票是不是一定会中头奖？

短视频内容创作讲究的是天时、地利、人和。如果你在 2018 年进入短视频，随便拍点内容都会有流量；如果你在 2019 年加入短视频带货机构，你可能会赚个盆满钵满，如图 7-1 所示。

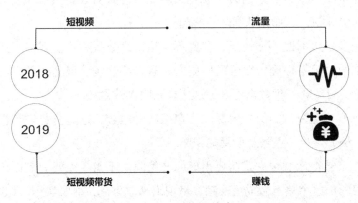

图 7-1 短视频时间节点

但是今天平台的流量是要拿来卖钱的，如果你的内容还是抄来抄去、乏善可陈，那么大概率是得不到大流量的。

对于内容平台来说，稀缺的内容更值钱。那么，什么是稀缺内容呢？

一条视频暴涨 100 万粉丝，原因很简单，这样的内容是观众需要的，也是平台喜欢的。这就是稀缺内容。平台根据用户对你作品的反馈，决定给你分配流量的大小。

作为视频号主，一定要搞明白你的用户到底想看什么，尤其是短视频创作，你一定要找到自我表达和用户需求之间的交集。

视频号主必须从用户的角度出发，以用户能够接受的方式写脚本，而不是自我陶醉式的进行创作。

做短视频，用户思维是视频号主创作的底层思维，要贯穿写文案的始终。

## 7.2 爆款选题离不开热点，掌握套路就能事半功倍

一个短视频能否成为爆款，80% 要靠选题。而通过分析爆款视频的选题，你会发现其中一半以上都是热点，也就是当天最火的话题。所以，找选题最简单也最有效的方法就是蹭热点。尤其对于新人来说，与其绞尽脑汁想选题，不如先从蹭热点学起。

很多新人对此不屑一顾，我们不争论，用数据说话。我们当然是鼓励原创的，但是你确定自己的原创内容有人喜欢吗？以上两种方法都尝试一下，看看哪一种数据更好，这才是聪明人的做法。

所谓热点视频，就是大部分用户想看的内容，这是打造爆款视频的捷径，例如选择一些当红明星的视频。

大家觉得像这种方式需要很好的文笔吗？不需要，要的是你在最短的时间内把这个热点做成短视频，呈现出来。方法，非常实用，如图 7-2 所示。

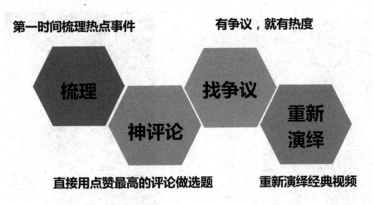

图 7-2　蹭热点的经典方法

**方法 1：梳理**

每次出现热点的时候一定会出现大量的视频，抓住机会，用自己的话将整个事件叙述一遍，谁的速度快，谁的视频就有可能成为爆款。

**方法 2：神评论**

通过翻看爆款视频的评论区，找到评论点赞最高的内容蹭热点。但凡是爆款视频里面的爆款评论都是被验证过的，受到广泛认同的观点，将这些观点提炼出来，就是蹭热点最好的方式之一。

我在一篇公众号文章的评论区看到一句话，"经济不是卡车而是飞机，你踩一脚刹车不是停下来而是掉下来，你想再次起飞不是踩一脚油门，而是需要很长的爬坡和跑道"。于是决定用这句神评论做选题，录制了名为"今年的 618"这期视频，目前的数据很不错，如图 7-3 所示。

热点评论不仅在视频号上，在微博、知乎、微信的爆款文章上也有很多，里面有相对应的爆款评论。所以，这些都是蹭热点的好地方。

**方法 3：找争议**

在刷热点视频的时候，会发现有些爆款视频的出发点存在很大争议或者是令人不爽的。针对作家余秀华家暴一事，我就从女性不要恋爱脑这个角度找到了一个争议点，如图 7-4 所示。

图 7-3　视频名《今年的 618》　　图 7-4　视频名《女性觉醒》

这样的话题自然会引发不同的观点，很多人就会在下面互动评论，表达不一样的看法。这样就能带动你这条短视频的热度。

**方法 4：重新演绎**

只要注意观察就会发现，很多视频，尤其是搞笑类视频，只是演员变了，其他剧情都没变。这就是将爆款视频重新演绎了一遍，也很容易再次打造成为爆款。

## 7.3　为什么你总是想不出好选题？

掌握了蹭热点的 4 个方法之后，这节讲一下如何结合热点拓宽选题范围。短视频里面有很多大 V，每天都有很多很有创意的内容，他们是怎么想出来的呢？

因为他们天赋过人？才华横溢？还是依靠灵感呢？如果你觉得做选题靠的是这些，那么一段时间之后，你就再也找不到好选题了。

如果你开了一家短视频机构，文案全部依靠灵感，那么倒闭只是时间问题。几乎所有的机构在创作短视频的时候，都是依靠一套方法论去构建的。最好的创意可能是偶然，但是偶然的创意一定不是最好的。

为什么你总是想不出好选题？因为你连方向都没找对。关于短视频选题方向的分类很多，我根据经验总结出几大方向，也许并不全面，但是对于新人来说完全够用了，如图 7-5 所示。

| 美好事物 | 幽默搞笑 | 生活日常 |
|---|---|---|
| 人性向善 | 疲惫生活的安慰剂 | 鸡毛蒜皮的生活琐事，总能激发内心的真情实感 |
| **深情催泪** | **悬疑惊悚，无限创意** | **学无止境** |
| 人是感情动物 | 令人肾上腺素飙升的内容 | 用户人群虽窄，但是没那么卷 |

图 7-5　短视频的选题方向

### 1. 美好事物

人的内心深处是追求真善美的，这是人的本性。心理学家马斯洛说过："只要人是具有理性并且是追求幸福的，那么人性必然存在向善的倾向。"研究表明，即使是婴儿，也会更喜欢美丽的成人面孔。更好地了解人性，也就可以更精准地把握选题方向。

什么属于美好事物的范畴呢？例如美妆视频、高颜值类视频，让人心旷神怡的美丽风景，以及一切正能量的视频。

**2. 幽默搞笑**

对于很多人来说，搞笑短视频就像是疲惫生活的安慰剂，让人能够暂时忘却烦恼，开怀一笑。

在设计幽默搞笑类短视频的时候，一定要了解人们的三种心理机制，如图7-6所示。

图7-6 三种心理机制

优势理论

该理论认为人们可以从掌握和控制感情中得到快乐，嘲笑他人的缺陷或不幸产生的快乐，就属于这种感情。

释放理论

该理论认为幽默来自人们释放压力的需要，或者是被压抑的不能直接表达的欲望的释放，最早由弗洛伊德提出。

失谐理论

失谐指的是对事件的期望状态和实际状态之间的差异。当幽默与人们期望的结果或认知、逻辑不一致，而且从其他途径又能够说得通时，就会产生幽默的效果。

这是短视频最常采用的方式,例如人物外表与行为的巨大反差,比如之前上过热搜的视频,年轻人穿上老年人的衣服,形成一种巨大的认知反差,就会显得很有意思。

### 3. 生活日常

艺术源于生活,那些与日常生活息息相关的内容一直是创作热门方向。例如美食、宠物等。那些鸡毛蒜皮的生活琐事,总能激发内心的真情实感。

### 4. 深情催泪

人是感情动物,感人肺腑的视频总是能够引发情绪共鸣,从而得到扩散。

### 5. 悬疑惊悚,无限创意

悬疑惊悚的内容能够刺激肾上腺素的分泌,人们向来是充满好奇的。此外,那些特别有创意的、生活中不常见的内容,都是不错的选题方向,能够有效获得观众的注意力。

### 6. 学无止境

学习类视频有固定的受众群,只不过相比于其他几个方向,受众群相对较窄而已。知识类视频包括新的认知、新的技能、新的知识、解决方案、操作步骤等。

## 7.4 爆款选题万能模板

仅仅是通过上述六个方向去挑选选题,不足以帮助我们创作出优质的短视频文案,我们还要明白一件事情,爆款视频的本质是引爆情绪,只有激发了观众的情绪,才能够获得对方的点赞、评论和转发,才有机会获得更多的推荐和传播。

因此,我设计了两个爆款选题的万能模板,分别是情感和情绪,每一个模板整理出 5 个相对应的关键要素，如图 7-7 所示。

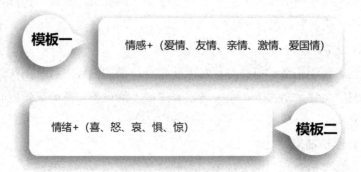

图 7-7 爆款选题万能模板

在实际应用的过程中，模板可以根据实际情况调整，例如情感模板可以细分出更多的元素，情绪模板也可以细分出更多元素。一般来说，两个模板结合使用效果更好。我通过两个具体案例进行讲解。

**案例一：**

每当股市很热的时候，"炒股"的选题都会成为热点。炒股赚钱的人多还是赔钱的人多？自然是赔钱的人多，如果你只是简单地说炒股赔了钱，那就太普通了。这时就可以套用模板一重新设计：情感＋（爱情、友情、亲情、激情、爱国情）。

选择模板一就意味着从情感角度切入，然后选择一种具体的情感，例如爱情。提到"爱情"，可以发散思维，比如往夫妻关系的角度靠。那么很容易联想到，丈夫炒股赔了钱，影响了夫妻关系。

如果你觉得选题不够精彩，这时可以引用第二个模板：情绪＋（喜、怒、哀、惧、惊），也就是模板一和模板二相结合。

丈夫炒股赔了钱，妻子会怎么样？自然是情绪爆发，那么模板二就变成了：情绪＋愤怒。

这样调整之后的选题就变为了：夫妻二人辛苦积攒了 8 年的首付款，

结果被丈夫拿去炒股赔了一半，妻子知情后情绪爆发，一气之下提出离婚。

这样套公式之后，选题就立刻生动、丰富起来。

**案例二：**

热点依旧是炒股，如果你想设计为搞笑的风格，看看如何套用模板。

模板一：情感＋（爱情、友情、亲情、激情、爱国情）

首先从情感模板选择友情的主题，因为朋友之间更容易往搞笑方向靠。再结合模板二，从情绪模板中选择，模板中的5种情绪，结合使用效果更好。例如选择"惊＋喜"的情绪组合，那么合并之后的模板就变为了：情感（友情）＋情绪（"惊＋喜"）。

既然是炒股，要么赔钱了，要么赚钱了。假设朋友赚钱了，选题可设计为：听说一位朋友最近炒股成了百万富翁，我很吃惊，于是赶紧跑去取经。见面之后我上来就是一番恭维，朋友则平淡地表示："其实也没什么，我本来就是千万富翁。"这样改完之后，是不是很有意思？那么假设朋友赔钱了，可以这样设计：阿正是一位基金经理，平时帮朋友们代运营，我也把五万块钱放他那里了。听说最近股市不好，阿正赔了钱，我去看望他。见面之后，我说道："阿正，别难过，虽然你是专业人员，但是股市这东西不好预测，慢慢来。"

"哎，谁说不是呢，不过幸好我没用自己的钱炒股。"

# 第 8 章
## 视频号脚本详解——技巧实操篇

### 8.1 标题心理学1："黄金3秒"与用户视角

如今，无论做什么行业，想要做到金字塔顶端，就一定要搞懂用户的心理，短视频标题也是同样的道理。一个好的标题是吸引用户的第一步，谁掌握了用户的注意力，谁就掌握了流量；谁掌握了流量，谁就拥有变现的机会。

仔细观察，你就会发现大家看短视频的时候，随机刷到一条看上一眼，如果有吸引力，看上三秒，没意思立刻划走。

这就是短视频的"黄金3秒"理论，很多人觉得夸张，那是你没听说过商品包装的"0.2秒理论"。该理论由日本包装设计大师笹田史仁提出。他认为："购物的顾客在经过货架前，商品映入眼帘的时间只有0.2秒。要想让顾客在这个瞬间惊叹一声'哇！'并且愿意驻足停留，那就必须靠抢眼的包装。"

"黄金3秒"展示的内容至关重要，这里面包括了视频的内容字幕、标题、主题、音乐等。其中，一个好的标题是快速吸引用户的关键。

一个好的标题，并不是凭空想象而来的。其中最关键的就是需要从用户视角进行分析。

很多视频号主站在自己的视角，绞尽脑汁地想出一个自认为"惊天地泣鬼神"的标题,结果视频播放之后点击量寥寥无几。

你的标题写得再好,但如果不是用户关注的点,自然没有点击量。因此,写标题时一定要考虑用户想要什么,这就要从以下三个方面进行分析,如图8-1所示。

图 8-1 从用户视角写标题

### 1. 用户行为

试想如下场景:晚上十点,你结束了一天的工作,洗完澡舒服地躺在床上刷手机。此时你希望看到下面哪一种标题?

A:如何有效抓住用户的注意力?

B:半个娱乐圈都说帅的人是谁?

对于大多数人来说,这个时间段都不想再学习了,而是放松一下,因此选择 B 的人肯定更多。

这就是对用户行为的分析,你要根据自己的内容,考虑不同场景下用户的行为,然后设计标题。

### 2. 用户需求

从用户需求的角度设计标题,尤其是刚需用户。例如一名房产中介想要针对刚需客户创作一期短视频,标题可以设计为"刚需用户买房一定要避开的坑""刚需用户买房的秘诀"……对于想要买房的客户,这样的标题最符合他们的需求。

### 3. 用户的关注领域

人们总是关注与自身利益息息相关的信息,所以在设计标题的时候,就要考虑用户群体所关注的领域。例如对于女性群体来说，更关注美容减肥、美妆护肤等一切能让自己变美的内容；对于男性群体，游戏、理财、汽车……都是他们普遍关注的领域。

## 8.2 标题心理学2：用户对什么样的标题最买账？

怎样写出用户感兴趣的标题？同样有固定的套路。有人说，这些套路大家都在用，已经烂大街了。我想说的是，这些套路都是在前人经验上总结出来的，证明了是有效果的。你要做的就是结合这些套路进行创作，而不是凭空想象。

接下来介绍几种常用的技巧，如图8-2所示。

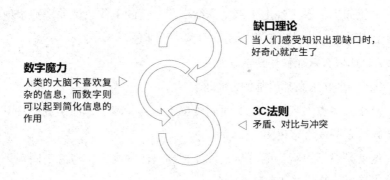

图 8-2 视频号标题常用技巧

### 1. 缺口理论

缺口理论是由美国行为经济学家乔治·洛温施坦提出的，指的是当人们感觉知识出现缺口时，好奇心就产生了。

只有那些打破常规、超出人们日常认知范围的标题才能产生好奇心。当一件事情在我们的意料之外，大脑就会自动将这种情况置于优先位置，并把绝大部分注意力聚焦于此。

因此，在设计标题的时候，就需要打开人们的好奇心缺口，制造悬念，如图 8-3 所示。

图 8-3　缺口理论举例

当我写这本书的时候，埃隆·马斯克正在收购推特，没几天新闻又爆出放弃收购，然后事情再次反转。因此，当关注了这则新闻的人看到这样的标题，一定会很好奇，这个世界首富到底要干什么。

**2. 数字魔力**

人类的大脑不喜欢复杂的信息，而数字则可以起到简化信息的作用，如图 8-4 所示。

图 8-4　数字魔力

标题与数字结合，又分为以下四种类型。

第一类：特定人群 + 数字

选择特定人群是为了更精准地锁定用户，再加上数字，效果更加明显。如图 8-5 所示。

图 8-5 类型一：特定人群 + 数字

第二类：功能性词语 + 数字

所谓功能性词语，指的是解决问题的具体方法，数字在前在后都可以，如图 8-6 所示。

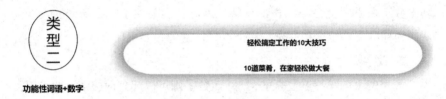

图 8-6 类型二：功能性词语 + 数字

第三类：反问句 + 数字

标题通过提问的方式呈现，再与数字结合。前半句提出问题，可以激发目标群体的好奇心，如图 8-7 所示。

图 8-7 类型三：反问句 + 数字

第四类：痛点 + 数字

先戳中目标用户的痛点，再与数字结合，这样会勾起用户的好奇心，从而点击查看,如图 8-8 所示。

图 8-8　类型四:痛点＋数字

## 3. 3C 法则

所谓 3C 法则,指的是矛盾、对比与冲突,如图 8-9 所示。

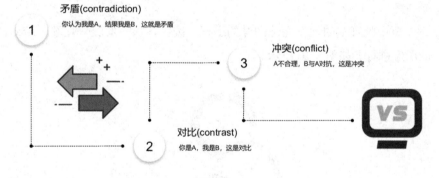

图 8-9　3C 法则

通过制造矛盾激发用户好奇心,例如,"今天我离婚了,但是我很开心",用户会觉得好奇,离婚了应该伤心才对啊,怎么还开心呢?看看去。

"没有一定高度,不适合如此低调""在车里哭完,笑着走进办公室",这两条文案就是对比写法,这类标题用含义相反的词凸显出对比的效果,能够有效激发用户的好奇心。

冲突指的是价值观的激烈对抗与不可调和,可以是观念、需求、利益……例如奔驰汽车的广告语"唯有最好",这就是在与平庸对抗;"爱美不是女人的权力,而是所有人的权力",这句文案则打破了"爱美是女人的权力"这种固有的观念。

除了以上3种比较经典的方法外,还有很多方法。你若想打造出爆款视频,就需要慢慢学习、钻研。

## 8.3 像写小说一样设计脚本

做短视频,知识点并不重要,如何把知识点介绍得引人入胜才是关键点。

写脚本要像写小说一样,开端—发展—高潮—结局,这些环节缺一不可。先将观众带入情节,产生共情,当观众和主角融为一体时,再引爆高潮。

短视频脚本的创作也是同样的道理,按照开端—发展—高潮—结局的顺序进行,如图8-10所示。

图 8-10 脚本创作主线

**1. 开端**

创作短视频脚本的时候，一定要把握好第一句话。如今的时代，用户的耐心极度稀缺，网页打开超过 5 秒就会流失客户，短视频更是如此。无论你采用什么样的方式，是激起好奇又或者埋个伏笔要想尽一切办法让第一句话吸引人，比如说"能从底层杀出来的人，都掌握了 5 个一般人不知道的方法"，这就直接击中了用户的好奇心，会想接着往下看。

**2. 发展**

发展阶段就要说清楚为什么，也就是针对主题进行具体的说明。发展阶段一般只需要两到三句话，其中关键性的技巧是衔接第一句话中提出的问题，从而很自然地引出第三部分。

**3. 高潮**

这也是最关键的部分。流水账一样的脚本根本没人看，一定要让用户顺着你的思路一步步往前走，然后趁着他们毫无防备的时候掀起高潮，给人一种恍然大悟的感觉。

**4. 结局**

短视频的结局需要用一句话或者几句话来概括要点，并且留下一句朗朗上口的口号。

## 8.4 突出"黄金 3 秒"的开场模板

前面已经讲过"黄金 3 秒"的重要性，接下来讲开场模板的作用。开场模板，如图 8-11 所示。

**模板一：热点式开场**

对于新手来说，蹭热点是最简单有效的方式，没有之一。对于开场模板也是如此，文章开篇直接讲最近的热点，就会自带流量，如图 8-12 所示。

## 开场模板

模板一：
热点式开场

模板二：
提问式开场

模板三：
哲理式开场

图 8-11　开场模板

热点式开场

开场与近期热点事件结合能够有效吸引用户关注

图 8-12　热点式开场

### 模板二：提问式开场

通过提问的方式，一步步勾起用户的兴趣，如图 8-13 所示。

提问式开场

提问要站在用户视角，思考他们可能对什么问题感兴趣

图 8-13　提问式开场

## 模板三：哲理式开场

所谓哲理式开场，指的是讲一段富有哲理的话，例如名人名言、经典俗语，或者是一个故事、一个心理学实验等。

要把握两点，首先，尽可能引用权威人士的话，而且人物尽可能与短视频所讲内容相关，例如短视频的主题是科技创新，引用一段乔布斯的话，就显得比较合理；其次，如果是引用俗语，或者是故事、心理学实验，那么一定要非常经典，最好是选择已经被认证的内容，如图 8-14 所示。

除了上述三种开场模板外，感兴趣的用户还可以多了解其他的模板。不过，对于新人来说，刚开始的时候不建议"贪多"，而是应该先将这三种模板掌握并运用自如之后，再去学习更多的技巧。

富有哲理的内容能够让人深思，继而想知道更多内容

图 8-14　哲理式开场

## 8.5 ▶ 爆款结构模板，帮你迅速搭建脚本框架

很多新手能够成功抓住开场的"黄金 3 秒"，但是却不会搭建内容框架。

"我脑子里有很多想法，我觉得都特别有意思，可我就是写不出来""我写得挺快，可写完之后发现逻辑不通，全都是废话"……

这是因为很多视频号主，尤其是新人，之前没有进行过系统性学习，所以才会导致这样的问题。

根本的解决方法是进行系统性学习。不过也有捷径，就是套用结构模板。我分析了一些大 V 的爆款视频，总结出来 3 种常用的框架模型，如图 8-15 所示。

**爆款视频框架模型**

图 8-15　爆款视频框架模型

**冲突模型**

跟标题设计思路一样,短视频内容框架同样可以设计冲突,因为看热闹是人的天性。当猎奇心理与从众行为结合,就会引发更多人的关注。我将冲突模型设计为4个步骤,新手在创作的时候可以直接套用这个模型。如图 8-16 所示。

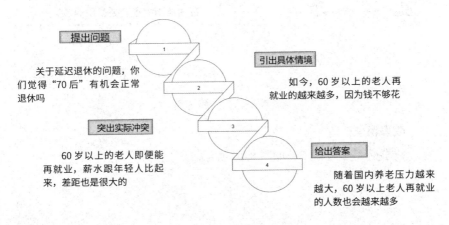

图 8-16　冲突模型

**观点论证模型**

提出一个中心论点，然后用若干个分论点，结合案例进行论证。人们都是喜欢听故事的，精彩的案例远比理论更吸引人。

中心论点：真正厉害的人应该留在大城市

分论点1：大城市机会多

分论点2：大城市能够拓宽眼界

分论点3：在大城市会遇到更多优秀的人

假设你准备完成一个相关的短视频脚本。根据以上分论点，结合自己的实际感受，分别为每一个论点配上案例，如图8-17所示。

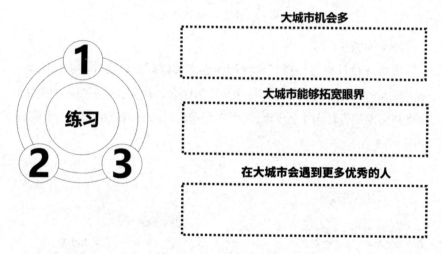

图 8-17 具体案例

**故事模型**

故事模型分为五步，如图8-18所示。

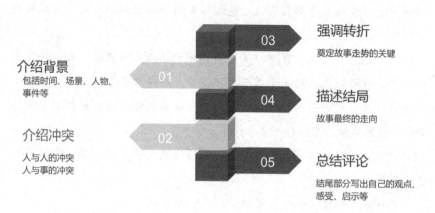

图 8-18 故事模型

我们来看一个例子。

如果只靠业务能力,想要快速突破圈层并不容易,还有一种能力完全凌驾于业务能力之上,叫作接近核心利益者的能力。

我大学刚毕业的第二年,在一家互联网公司做线下活动策划。那个时候,我每天骑山地车上下班。有一次,老板随便问了一句,走廊的山地车是谁的。其实老板只是无聊打趣,并没有期待回复,然而我兴冲冲地举了手,还说道:"王总,是我的车。"

从那以后,每次看到老板,我都非常尊敬地打招呼。

后来没过多久,我们公司和 PPTV 联合举办首届互联网大会,老板很重视这场大会。当时市场部只有我专门负责线下活动,我把这个会议的所有细节都安排妥当了。就连提醒嘉宾发言时间的牌子,我都提前想到并设计好了。包括提前一天进场的时候,我和搭建方熬夜布置会议桌,摆放台卡,测试灯光音响,还在每张椅子上都放了一袋我们主办方赠送的礼袋。

这场会议办得很成功，也引起了老板的注意，他问我之前在哪家公司工作，还会哪些技能。这个时候我就意识到机会来了。我说除了线下活动，我以前还负责对接媒体，包括各大网站的新闻稿发布、品牌的网络宣传等。

在那场会议之后，我直接晋升为品牌营销推广项目负责人。接下来的两年，我带领团队服务了很多大型企业，给这些企业做年度的品牌营销推广项目。我的专业技能也从最初的网站新闻稿发布，延伸到了网站SEO、微博热搜、微信公众号推广等。

这就是接近核心利益者的能力，谁能决定给你升职加薪，你就找机会接近他。

通过故事模型拆解一下案例，如图8-19所示。

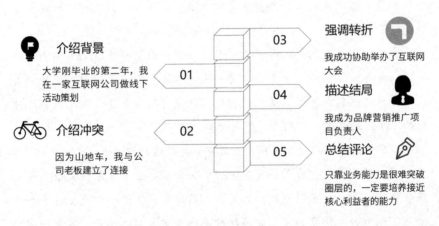

图8-19 故事模型

## 8.6 虎头蛇尾可不行,精彩结尾这样写

开头、中段都做好了,结尾绝对不能草草了事,一个100分的短视频,能够从头到尾都牢牢地吸引用户的注意力。

心理学家丹尼尔·卡尼曼提出了鼎鼎大名的峰终定律,即人们对于体验的记忆由高峰时和结束时的感觉所决定。举个例子,很多人都去过宜家,第一次去感觉很新鲜,从头到尾逛一圈,体验不错。后来去的次数多了,感受就不好了,我就是想买一个盘子,非得让我逛一圈吗?

这是很多人感到不快的地方,然而它的"峰终体验"却是好的:"峰"指的是产品体验感好,物超所值;"终"指的是出口处1元的冰激凌。

如果你在节假日去迪士尼乐园,也会产生这样的感受,一天下来都在排队,感觉没玩几个项目,然而你还是想再去第二次、第三次……

研究发现,人们在评价一件事情的时候,大脑会自动忽略时间的长短,简单地用峰值和终值来衡量。也就是说,我们只会记住最好的体验和结束时的体验。

迪士尼乐园就利用了这个理论,当游客们对排长队怨声载道的时候,迪士尼会安排一场烟火表演。在一天结束的时候,游客只记住了结尾时的美好回忆,因此体验感得以提升。

综上所述,我们在设计短视频内容的时候,要把重点放在高潮和结尾,尤其是结尾,如果你能够把用户的情绪调动起来,让他们产生一种意犹未尽的感觉,那么他们就会忍不住给你点赞、评论或者转发。

那么,如何打造精彩结尾呢?我介绍四种常见的结尾模板,如图8-20所示。

**四种经典结尾模板**

图 8-20　经典结尾模板

**1. 总结式结尾**

顾名思义,就是在短视频最后进行总结,这是一种常见的方式。读者可以看一下我的视频《多元化的出路》,结尾的文案是这样的。

"未来一定是各行业相互融合的时代,谁的融合能力强,谁就更稀缺。请到更广阔的世界中闯荡历练吧。"

这种就属于总结式结尾。

**2. 升华式结尾**

升华式结尾,也称为共鸣式结尾,目的是引发用户共鸣,调动用户情绪。最简单的方法是找一段名人名言,或是一段广为流传的话。

我在短视频《"95 后"都穿着汉服出街了》中用到了升华式结尾,有兴趣的读者可以在附赠资源中下载观看。该视频的最后一句"高筑墙、广囤粮,保住工作,现金为王"就起到了升华的作用。

**3. 开放式结尾**

所谓开放式结尾,指的是在视频的最后给用户留下想象的空间。读者可以观看我的视频《林志颖开特斯拉出事故》,结尾是"大家讨论一下,你认为房价下跌和上涨的原因各是什么?"提出一个问题,同时给大家留下了很大的想象空间,这就是开放式结尾,也可以称为互动式结尾,因为这类问题总能引发用户的讨论,从而形成互动。

**4. 反转式结尾**

反转式结尾,让用户感到惊讶的同时,还会激发用户评论的意愿。

# 第9章
## 到底什么是私域？

### 9.1 私域是什么？

私域是什么？

它指的是你自己可以管辖控制的流量。

包括从你的网站、你的微信视频号、你的小程序吸引进来的加入你的微信里的这部分流量。

简单说，所有把用户称为会员和粉丝的地方都叫公域，那么把对方称为好友的地方，通通叫私域。

私域，实际上就是你和客户联系的渠道，而且这些渠道不需要单独付费，例如你的微信好友、微信群、公众号、视频号等，这些都属于你的私域流量。

那么，什么叫私域流量？是指从公域、它域(平台、媒体、合作伙伴等)引流至自己的私域，以及私域本身产生的流量。

一个用户添加了你的微信，他就成为了你的私域流量，可以低成本或零成本地触达该用户。如图9-1所示。

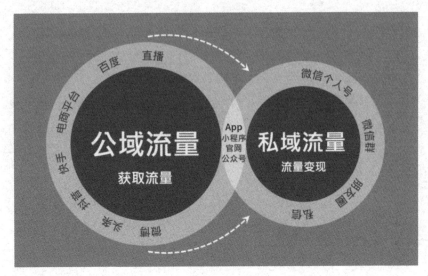

图 9-1 公域流量与私域流量的区别

为什么做私域流量很重要呢？最关键的原因在于它的转化率高。很多平台动辄几十万、上百万粉丝的流量主，转化率却非常低。以图书市场为例，有些几十万粉丝的大 V，出版的新书连 3000 本都卖不掉，有效转化率是非常低的。

同时，私域流量可以有效降低营销成本。如今，你找哪个平台打广告不花钱？有了私域流量，就可以省去广告费这笔开支，同时引导用户长期复购。

对于用户来说也有好处，找到一家自己信任的渠道，没有了从庞杂信息中筛选的烦恼，节省了时间成本。

## 9.2 私域运营的三个阶段

私域运营发展到今天，一共经历了三个阶段。

**1. 私域 1.0 阶段——用好的内容，吸引粉丝**

这一阶段的重点在于留存客户，通过打造一套有效的方法或者过硬的产品，将客户留下来。适合低客单价产品。

举个例子，我有个很厉害的朋友，开了家烧烤店，小本经营，只投入了 2 万成本，但是第一年的净利润就达到了 100 万，她是怎么做的？

首先，她发现来烧烤店消费的大部分都是年轻人，尤其是谈恋爱的小年轻居多。

于是她开始琢磨：怎么吸引越来越多想谈恋爱的，或者正在谈恋爱的人到自己店里消费。

所以她开始做了很多当地的相亲社群，最巅峰的时候做了十几个相亲群。

她在这些群里分享相亲经验，教女生怎么选男生，教男生怎么吸引女孩子等，都是一些谈恋爱的干货知识。

渐渐地增加了这个群的活跃度和大家的参与度，她也获得了大家的信任。

**2. 私域 2.0 阶段——用好的人设，增加信任**

私域运营的第二阶段，用好的人设，不断增加信任度。举个例子，很多面膜都卖得很便宜，网上有一家面膜卖到 400 元 / 盒，而且卖得很好。店家主要做了两件事情，第一件事情，让别人知道自己的产品好；第二件事情，让别人知道店家人品靠谱。

店家通过不断打造人设，不断输出干货知识，例如，讲好面膜和差面膜的区别，如何区分真正的好面膜，各种面膜的功效等，从而强化自己的人设。

这一阶段主要有三个方法。

第一个，打造高信任度人设。让别人知道你很靠谱，对你产生信任。

第二个，进行口碑营销，让客户帮你说话。自卖自夸没人信，客户的话更客观。

第三个,做分销体系。当别人知道你的产品好之后,就会愿意找到你,为你营销,从而实现更好的业绩。

### 3. 私域3.0阶段——用好的闭环,增加效率

私域运营的第三阶段,用好的闭环,增加效率。私域3.0顶级闭环模式,指的是从公域到私域的完美闭环,适合缺乏传播和经营渠道的生产厂商。如今不缺好产品,缺的是能够把产品卖出去的人。

该阶段适合年销售额2000万元及以上的品牌方,真正实现产销一体,线上、线下完美结合。

## 9.3 如何激活你的私域

如何激活私域,对于视频号主尤为重要,这是一种转变,从如何触达用户,到让用户愿意接受你的触达,再到用户主动触达你。想要完成这个过程,就要激活私域,主要介绍3种方法。

### 1. 加持老板人设

例如你是一个在天猫上卖宠物药品的,你一定要加持老板人设,学会讲故事。讲什么样的故事?讲你是如何一步步成为老板的,如何一步步变成权威人士的。例如强调你的专业背景,之前是一个很厉害的兽医,介绍这方面的专业知识,小猫小狗病了要吃什么药。

利用权威心理打消消费者的疑虑,这是很多商家都在用的方法。

### 2. 高手打理

做电商私域一定要雇佣专人进行打理,尤其是在资金允许的情况下,招聘这方面的高手。如今,很多企业都有私域运营的岗位,薪水都不算低,可见其重要性。

### 3. 激活员工私域

作为一名企业主,一定要学会利用自己员工的私域。宝岛眼镜就是

教科书级别的案例,给员工利润,让他们用自己的私域流量赚钱。如今,宝岛眼镜的私域做到了中国企业私域里面的第一名。当很多眼镜店纷纷倒闭的时候,宝岛眼镜则利用私域流量快速成交,持续实现业绩增长。

有人说,如果员工不愿意把他的私域拿出来用呢?那是因为你的钱没给到位。不给钱,或者钱太少,谁会每天发朋友圈替老板打广告?如果你开出一个基本工资,再加上相应的业绩提成,结果会怎么样呢?

只要钱给到位,就没有激活不了的私域。如今,做任何公域平台都很难,但是私域是每个人都有的一个基础流量,公司有 10 个员工,证明你拥有了 10 个经销商。这就是激活员工私域的重要性。

## 9.4 产品营销→IP 营销→人性营销

私域营销的进阶,是从产品营销到 IP 营销,再到人性营销的阶段。用户购买产品一般分为两种情况,大部分是因为你的产品好,但也有人是因为你这个人,也就是说你的 IP。如今很多商家都是在靠 IP 本身的优势在卖产品,用户认可的是你这个人。

**1. 产品营销**

私域的产品营销,主要做两件事:提高客单价和提高转化率,如图 9-2 所示。

图 9-2 产品营销的关键点

第一点，提高客单价。举个例子，豪车毒是一家线上代购豪车的机构，它们的服务做得非常好。有人说是因为利润高，实际上是因为它们的客单价高（客单价指的是每一个顾客平均购买商品的金额，即平均交易金额。客单价的计算公式是：客单价＝销售额÷成交顾客数）。

试想一下，你的产品售价 200 元，10% 的利润，共赚 20 元，你也想好好为用户提供服务，无奈利润太低了。

所以做朋友圈私域，客单价一定不要低。那么，如果你的客单价本来就很低怎么办？比如你是卖零食的，一包零食很便宜，你就设计一个大礼包，将几种产品装一起，提高客单价。

第二点，提高转化率。怎样来提高转化率，展示你服务的价值，提高服务的黏度，提高用户的忠诚度，进而提升转化率以及复购率。

**2. IP 营销**

私域的 IP 营销，主要是为了提高用户的终身价值。例如，你报名学我的短视频课程，我不是简单地给你讲一节课就结束了，学员还可以从我这里得到以下几个权益。

赠送报名学员我的第一本书。

以后的线下课，学员终身免费复训。

报名年度课的学员，在接下来起号的过程中，有任何问题，我会一对一解答。

用户的终身价值和客单价、复购的频率有关。所以一定要尽可能地增加利润，才能为用户提供足够长时间的服务，从而提升转化率，形成良性循环。

**3. 人性营销**

所谓人性营销，就是依照人性来进行市场营销活动，通过充分满足人性需求达成经营目的，这也是私域营销的最高级阶段。人性营销在写文案的时候，一定要有一个吸引人的开头，直接给出一个确切的答案和结果。不要让用户去猜，用户看到结果后，心里会踏实，会觉得这个人靠谱。

人性就是喜欢直观的东西,喜欢拥有美好的生活,喜欢遇见更好的自己。

假设你要卖一款手链,开头就要写戴了这款手链以后的变化。之后,进一步刺激用户的购买欲。比如,你可以拍一组戴着手链在高档餐厅约会的照片。

再举个例子,例如你是卖大闸蟹的商家,如何写出一个吸引人的开头?

"从未想到,这个季节能吃到如此肥美的大闸蟹。"直接给到大家一个清晰的答案,刺激用户的购买欲。

之后,你的文案需要进一步调动用户的购买欲望。最后,再给犹豫不决的用户增加一个助推力。"中秋节不能回家陪父母了,寄一份大闸蟹回家,就像上一次全家一起吃螃蟹的日子。"

## 9.5 如何实现一对多成交?

一对多成交,指的是批量式成交,即一个人也可以产生社群营销的效果。

一对多成交分为两种情况:触发式购买和助推式购买。

触发式购买,指的是你的文案触动了用户的痛点,别人看到后就主动来购买。

比如说很多人在减肥的过程中,发现越减越肥,这就是减肥人群经常遇到的痛点。如何通过这样的痛点,讲清楚你的产品价值,进一步引导用户购买呢?

这时,你的文案不要过于直白,不要用自卖自夸的形式,而是"借第三人之口"表述,也就是通过用户反馈的形式。你可以这样写,有一个小伙伴来跟我说,"亲爱的,感谢你帮我减掉了小肚腩"。这样更容易让人信服,同时彰显自己产品的价值。

助推式购买就更容易理解了,指的是在用户购买前的临门一脚,通过私信和助推朋友圈的形式,推用户一把,促使他下单。

接着再发一条助推的朋友圈,强调一下紧迫性。比如,明天只剩下最后一位预约名额了,××权威人士的亲自祛痘服务,最后一个名额倒计时。

这就是利用人们的稀缺心态,有人说,这些方法大家都在用,用户已经习以为常了。没错,但是稀缺心理是人的本性,而且这个过程是无意识的,当我们的大脑被稀缺俘获的时候,只会专注于解决稀缺状况。这一点很容易理解,手里缺钱,你的所有注意力都会放在搞钱上,而忽视了更长远的规划。

因此,这一招屡试不爽,在文案的最后一定要助推一下,不停地告诉别人你是稀缺的,你的产品是稀缺的。

在触发式购买的朋友圈发出去之后,还有很多人会犹豫不决,这时必须推动一下,否则他们可能会过几天再买,然而是不是从你这里购买就没准了。

## 9.6 购买即结束,还是购买即开始?

商家在销售过程中的心态一般分为两种:一种是购买即结束,购买了产品,没有后续的内容和服务;另一种是购买即开始。购买了产品以后,还会给客户提供有价值的服务,如图9-3所示。

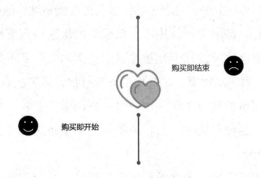

图 9-3 商家销售心态

抱持"购买即结束"心态的商家,需要不停地找流量支撑自己的私域,可是去哪儿找到那么多人呢?这类商家很快就会发现,第一年的生意还不错,第二年就开始变差了,第三年就没什么生意了,如图 9-4 所示。

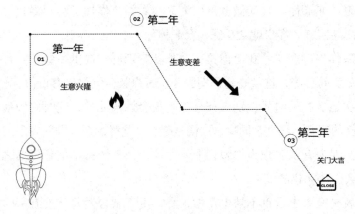

图 9-4 "购买即结束"示意图

很多微商跟我说,"我觉得现在微信朋友圈没人看了",其实核心原因在于你没有和每一个用户之间构建沟通的桥梁。

但是以微信公开课 PRO 演讲,张小龙提供的数据来看,目前每一天有 1.2 亿人在写朋友圈,7.8 亿人每天打开朋友圈,85% 以上的人在朋友圈逗留的时间不低于 45 分钟。

经营私域，实际上拼的是服务。很多人都在做私域，都在提供服务，但是效果却不好，是因为不够用心。低水平的玩法是频繁给用户发商品信息，让用户很反感，没几天就被拉黑了。你的微信是不是三天两头收到这样的消息？第一次回复，第二次消息免打扰，第三次直接拉黑了。

前两天我闺蜜给我分享了一个故事，她经常买茶叶的那家店。给她发了几款茶叶，她看上其中一款，2000多，闺蜜跟店家说，这玩意如果在淘宝也就值300。

没想到，店家很快把她在他们家曾经买过的几款茶叶都发了过来。并且说："姐，这款茶叶和哪几款的层次差不多，你可以送贵人送领导送懂茶叶的重要的长辈，都会不错的"。

这才是真正用心的服务，店家记得客户之前买过的每一款商品。在提供服务这件事上，一定要给客户提供超出预期的服务，超额服务等于超额回报。如果你一直在做客户以为你会做的，你加了客户微信，每天发新款商品信息。客户就会反感，会删掉你。

如果你告诉客户，我给你拉一个茶叶鉴别群，提供一些茶叶行业的知识、免费问答等，这就是超预期服务，客户就会觉得你有价值。

每次她送礼的时候，别人都会夸她很会挑选礼品，这时候她就会分享给自己的闺蜜、朋友、同事，这就是裂变。这样的裂变非常容易成交，为什么？因为有了客户为你做背书。一旦一个事情有了信任背书之后，成交就会变得无比的简单。

这就是有人永远都不缺生意做，有人生意做着做着就没有了的核心原因。

# 第10章 如何玩转朋友圈？

## 10.1 朋友圈还能赚到钱吗？

私域营销主要分为引流、成交、复购、转介绍、裂变五个环节。成功引流之后，就要面对成交的问题，而关键的方法就是发朋友圈。

如今，很多商家已经不再发朋友圈，因为他们觉得根本赚不到钱。实际上，如果你不发朋友圈，就会无限弱化你在社交人群中的存在感。最关键的是，你的产品、服务损失了一个对外展示的平台，而这个平台其实拥有不可估量的价值。

发朋友圈是可以赚到钱的，但是你需要考虑清楚两件事。

第一，你的人品靠谱吗？私域卖货的核心在于卖人设。你在朋友圈的人设一定要立清楚：你是谁？你是做什么的？你的产品能够为用户提供怎样的价值？

很多人不敢在朋友圈卖货，主要是担心自己的人缘，实际上是害怕没人买账。他们对自己的产品没有信心，害怕把身边的朋友都得罪了。

所以做私域，不要做骗人的事情，因为私域相对封闭，靠的是一次成交之后的复购。如果你人品好、产品好，那么你的私域经营毫无压力，只需要有丰富经验的人给你更多的思路和方法，让你少走弯路，降低变现成本，加快变现效率。

第二，不厌其烦地介绍产品。一定要不断地提醒用户，你的产品是什么、你的产品到底有多好、你的产品适合谁用。

接下来，讲一下朋友圈变现的关键三步。

第一步，主动触达用户。举个例子。

比如有一些新品牌，想要售卖的时候，一开始就是创始人自己挨个打电话推销自己的产品。比如我认识的一个创始人，通讯录里有 1800 多个人，她真的挨个给大家打电话，结果可想而知，很多人都拒绝了。重要吗？一点都不重要。重要的是在这个过程中，有 300 多个人下单了。

当你刚刚开始做一个产品的时候，必须向用户介绍自己的产品，这个过程也是对自己人品的一个测试：多少人愿意信任你，多少人愿意为你买单，多少人愿意听你把话说完，多少人愿意给你一个机会，让你拥有第一批客户……

第二步，再次拜访之前拒绝你的客户。朋友圈那些第一步没下单的客户，难道就这样放弃了？不行，必须再拜访一次，用你的成交案例去说服他们。当你经历了这一步，你会开始学习，扩充自己的认知，也会接触到更多优秀的客户。

第三步，找到客户痛点。来到这一步，你已经知道应该为客户提供什么样的产品价值与情绪价值、如何拥抱客户的需求。

通过自己的朋友圈卖货需要非常强大的内心，只要走出第一步，就比那些永远停留在理论层面的人强一万倍。做生意都是一步一步走出来的，客户对你都是从不愿意到慢慢觉得这个人不是个骗子，甚至觉得这个人有一些价值。千万不要因为别人的拒绝，就觉得私域没法做。

## 10.2 打造人设：朋友圈的四种类型及发圈规则

个人朋友圈可以随便发，但如果你是企业，要卖产品、卖服务，绝不能随便发,而是要打造朋友圈人设。朋友圈一共分为四种类型,如图 10-1 所示。

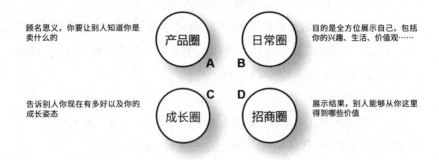

图 10-1 朋友圈的四种类型

### 1. 产品圈

发朋友圈告诉别人你的产品是什么、你的项目是什么、你的品牌有哪些背书、你的产品有哪些人在用、哪些人适合用你的产品。

有人发朋友圈会进入一个误区,就是认为朋友圈里的所有人都了解自己的产品、所有人都知道自己是干什么的。

这就犯了自嗨病。因为一个人看你的朋友圈的时候,大概率只会看最近 3 天的。如果查阅你最近 3 天的朋友圈,无法获悉你的产品是什么、你的产品适合哪些人用、你的产品能为用户提供哪些其他产品所没有的价值……那么,你的朋友圈运营就是有失水准的。

当用户不需要你的产品时,他们会主动忽略你的产品信息;当他们需要你的产品时,如果你的朋友圈最近 3 天没有相关产品信息,他们也会把你忽视。因此,产品圈的布局尤为重要。

### 2. 日常圈

日常圈的目的是让别人了解你是谁,包括你的日常生活、你的价值观、你的兴趣爱好等。发日常圈,一定要展现出生活高品质的一面。注意,这里强调的是高品质生活,而不是平常那些鸡毛蒜皮的琐事。

那么，日常圈到底应该怎么发？我给大家整理了一个发圈安全规则。

- 不知道该不该发的朋友圈，不要发。
- 没有中心思想的朋友圈内容，不要发。
- 不要在朋友圈里出现负面情绪，除非这个情绪能够为你创造价值。

日常圈里面应该显示自己高品质的生活，展现自己比之前更好的状态，而不是把朋友圈当成一个垃圾场。

### 3. 成长圈

告诉别人你现在有多好，展示出你的成长姿态，这是非常重要的一步。别人为什么不选择跟你做生意？因为不知道你目前的状态。

记住，发成长圈的时候，一定不要攀比，你只要比昨天的自己更好就行了。告诉大家，你在成长，在一点一滴的成长。

### 4. 招商圈

招商圈展示的是结果。你想让别人跟你干，你想让别人为你的产品买单，那就要告诉别人跟着你能得到什么结果，尤其是从别人那儿得不到的价值。

## 10.3 朋友圈营销技法——三大支点

朋友圈营销一定要紧紧围绕三大支点进行。

### 1. 创始人

很多人觉得自己没有创始人这个背景，没有公司、没有品牌，也没有团队。实际上，并不是非得有这几项因素，你才能提炼创始人的人设。有时候，你需要一个支点，可以是真诚的、走心的、朴素的。

### 2. 社群

社群需要运营。你可以在社群里面有效地进行引导，引出自己的产品。

### 3. 文案

关于文案，需要记住一个底层逻辑，如图 10-2 所示。

内容一定是发给受众群体看的，而不是描述自己的情绪

发朋友圈的目的一定要明确，触达一个受众群体就够了

分类化运营。利用朋友圈屏蔽功能，有针对性地发内容。例如你的内容只想让某类人群看，那么可以屏蔽掉其他用户

安全第一，如果你没有办法击中用户，也不要令其厌烦，导致被屏蔽就得不偿失了

图 10-2　文案的底层逻辑

比如认养一头牛的创始人，他的文案故事是什么呢？

2008 年的三聚氰胺事件，让中国家长对国产奶粉失去了信任，这种影响一直持续了很多年。彼时，大量内地家长都选择去香港购买进口奶粉，一度使得当地奶粉市场供不应求，香港政府因此不得不出台限购政策。

徐晓波也是这些家长中的一员。2012 年，40 多岁的他赴港为儿子购买了 8 罐奶粉，由于不了解限购令，被海关关在"小黑屋"问询了几个小时。徐晓波表示，他心中的那根神经被刺痛了，"我们这样一个泱泱大国，让老百姓放心的竟是国外的牛奶"！

徐晓波当时还是个地产商人，做了十几年的生意，积累了一些财富。这次不愉快的香港之行，引发了他对国产乳制品安全问题的思考，也令他萌生了自己创业做乳制品的想法。

因为三聚氰胺事件的问题出在奶源身上，所以徐晓波决定从产业上游着手准备。他花了两年的时间，走过 7 个国家，对 136 个牧场进行了实地考察，最后决定自建牧场。因为他得出了一个结论——"奶牛养得好，牛奶才会好"，这也是认养一头牛后来一直贯彻的经营理念。

这就是一个非常值得借鉴的用于朋友圈发布的品牌文案，既有故事性又有出发点，也能带动大家的情绪和共鸣。

## 10.4 朋友圈营销技法——三个元素与三个关键动作

每一条朋友圈都要包含三个基本元素，本人、产品和用户。

前两个基本元素即你是谁、你的产品是什么。第三个基本元素是用户，主要是指用户对产品的反馈。

比如说认养一头牛的这个例子。

创始人的人设，就是一个要给孩子买奶粉的父亲。

产品是什么？是父亲考察了多个地方以后，打造出来的一款牛奶。

用户是谁呢，就是那些同样要给孩子买牛奶的家长们。

你要清楚现在的大环境已经非常"内卷"了，做生意更是如此，所以你需要主动营销。因此，你在朋友圈一定要做以下三个关键动作，点赞、私信和评论。

主动为别人的朋友圈点赞、评论，他人也会给你的朋友圈点赞、评论。同时，通过私信在朋友圈发起大规模的营销。

## 10.5 朋友圈营销技法——三个人性法则

朋友圈营销，一定要遵循三个人性法则，好奇、恐惧和欲望。

### 1. 好奇

要善于利用用户的好奇心。

先讲一个故事，在古希腊神话中，宙斯给了一个名叫潘多拉的女孩一个盒子，并且告诉她无论如何也不能打开这个盒子。

潘多拉的好奇心就被激发了，越是不让打开盒子，她越想知道盒子里面装的是什么。最终,她还是忍不住打开了盒子。

没想到,这个盒子里装着人类全部的罪恶。盒子被打开,罪恶也就传播开来。

在心理学上,把这种"不禁不为,愈禁愈为"的现象叫作潘多拉效应,也称为禁果效应。

没错,这就是人性。人们会对自己不了解的事物,或者不知道什么原因被禁止的事物,有着特殊的求知欲。

**2. 恐惧**

为了生存,人类在面对威胁时会作出"战斗或逃跑"的反应,而当人们触发"战斗或逃跑"反应时,释放出的化学物质与兴奋时释放的物质相似,因此当人们在安全环境下触发这类反应,反而会很享受这种被惊吓的感觉,整个人处于高度兴奋的状态。

如果朋友圈文案能够激发用户的恐惧感,是能够有效吸引关注的。那么,如何加重用户的恐惧感呢?再拿认养一头牛的故事来说,他们是如何激发用户的恐惧感呢?他们就是恰到好处地利用了2008年的三聚氰胺事件。一下子就激发了用户内心的恐惧与不安,大家就会感同身受,继而产生改变的欲望。

**3. 欲望**

欲望是世界上所有动物最原始的本能,也是最容易被激发的。在朋友圈营销的时候,你可以给用户提供一些好处,例如"买三送一""限时五折"之类的促销活动,人都有趋利心理,这一招很容易激发用户的购买欲望。

## 10.6 朋友圈营销技法——三个布局

朋友圈营销的三个布局。

**1. 排版**

排版很重要,朋友圈文案的编写顺序是:先写答案,再讲故事,最后给钩子,如图 10-3 所示。

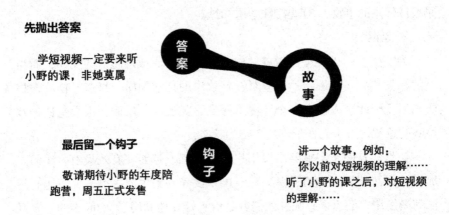

图 10-3　朋友圈排版

即便文案只有三句话,也一定要讲清楚答案、过程和结尾,这才是一个完整的结构,也能让用户知道你在说什么。

**2. 叠加**

叠加是非常强调技术性的。比如,如果用一条朋友圈无法介绍清楚产品,这时不要疯狂增加文案的长度,而是可以将文案拆分成几条依次发布,其中一条介绍产品,另外两条介绍用户反馈,这样更客观、更有说服力。

举一个例子,假如你是卖家具的,准备发朋友圈介绍一款柜子,如果用一条朋友圈写不明白该材料的好处,就需要利用叠加的技法,如图 10-4 所示。

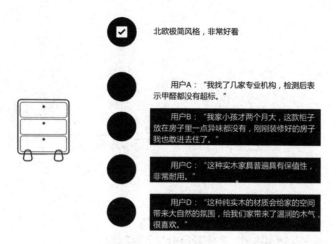

图 10-4　具体案例

## 3. 铺网

所谓铺网，就是持续不断地在朋友圈进行宣传。美国的乔·农齐亚塔写过一本《业绩来自于精神力量》，里面提到过一个非常经典的法则：七次法则。七次法则指的是一个客户连续七次看到你的品牌或信息之后，才能真正了解你的企业，对你产生足够的信任，然后才可能与你展开商务活动。

在朋友圈的打法也是一样，当你持续不断铺网式发布产品的时候，别人才可能考虑发生购买行为。

# 第 11 章
## 直播带货——低成本变现的秘密

## 11.1 3分钟带你了解视频号直播

很多人都知道视频号直播是风口,也都想做视频号直播,然而大部分人却只是观望,没有付诸行动。因为他们担心竞争太激烈了,担心付出没有回报。

的确如此,做视频号直播不一定成功,但是不做一定不成功。我从 2022 年 4 月才开始做短视频,不到 5 个月,全网已经有 20 万粉丝了。

如果你一直在想,却迟迟不行动,我劝你还是彻底打消这个念头吧。

事实上,做实体店生意的人最应该行动起来,这是大势所趋。如今,实体店的顾客寥寥无几,电商的流量也大不如前,流量都分流至短视频和直播了。

视频号是从什么时候开始被人们熟悉的?很多人是从西域男孩的演唱会开始接触视频号,然后是崔健的演唱会,之后就是周杰伦的演唱会,那时已经有 1 亿人次的观看量了。

我总结了一些关于视频号这个平台的特点,如图 11-1 所示。

第 11 章　直播带货——低成本变现的秘密

图 11-1　视频号平台特点

**1. 推算机制**

视频号是 1:1 推流的，比如，我从个人微信里引流 1000 个人看我的视频号直播，视频号官方平台会额外再配给我 1000 个人的流量。

**2. 视频号可以挂企业微信**

视频号挂企业微信形成了一个直播间流量闭环，也就是说你在直播的时候，公域流量可以引流到你的企业微信里，当你下次直播的时候，企业微信里的这些流量又可以返到你的视频号直播间。

**3. 羊群效应**

如果从朋友圈或者企业微信引流到直播间，直播间会形成一个比较热烈的公屏互动现象，那其他刷到这个直播间的人会觉得这个直播间很火爆，不自觉地留下来。这就是羊群效应。

**4. 多号联用**

当你从 A 视频号引流到你的企业微信 B 的时候，引流了 3000 粉丝。下次，你换 C 视频号直播。企业微信 B 的 3000 粉丝将你的 C 直播间发布到朋友圈，即可多号联用，互相导流。这在其他平台是无法做到的。

**5. 品牌自播**

以前企业做品牌需要依靠电视媒体、机场广告、杂志,这些都要花很多钱,而且触达效果也很一般。别人看到广告宣传之后,想买你的产品,还要去单独找渠道购买。视频号做品牌就很容易了,直接把官网挂在你的品牌下面就可以了。

## 11.2 新手如何玩转视频号直播带货

新人想要玩转视频号直播带货,只需要做好四件事。

**第一件事:打造人设**

打造人设是非常重要的部分,就像盖楼要打好地基一样。如果你没有人设,只是卖产品,用户永远记不住你。如果你打造了人设,那么卖的就是你这个人,用户因为信任你,才会跟你成交。

那么,如何打造人设呢?主要包括两点。

第一点,做自己最擅长的事。很多主播为了吸引用户眼球,打造的人设跟真实的自己并不匹配。例如有的主播说自己是农民的儿子,要为农民发声,人设定的特别好。但是当他开播之后,别人跟他一聊天,发现他连农村都没去过,人设瞬间崩塌。所以大家记住,人设可以美化,但是绝对不能造假。

第二点,上帝视角。上帝视角指的是站在一个更高的维度,来看你现在做的事情。想清楚你的未来要卖什么产品。然后根据你要卖的产品,现在应该立什么人设,发什么短视频。

用户定位很重要,人群细分得越清楚,人群画像越清晰,你的产品才会越好卖。

比如你是学服装设计的,那么短视频的方向就可以定位在服装穿搭,因为这是你最擅长的事。站在上帝视角,未来想要变现,肯定是要卖服装的。往前推，如果卖服装，你的客户就是想买衣服的人；再进一步细分，你的服装准备卖给男人还是女人，卖给哪个年龄层的人，这个年龄层的群体有什么特质等。

找准定位后，再围绕用户群制定话术，设计短视频。

**第二件事：备好货源**

货源非常重要，这一点颠覆很多人的认知。不管你带货也好，还是卖一个虚拟产品也好。在卖货之前，要做好供应链的充足准备。

有很多人说，货源不是遍地都是吗，其实这点是有误解的，好的货源好的定价，可以增加主播的信任度，增加大家的复购率。而一次不好的货源，也许就会大面积失去粉丝对主播的信任。所以筛选货源极为重要。

**第三件事：制造氛围**

氛围能够影响人的情绪，例如当你来到图书馆的时候，就会想要阅读或学习；当你来到演唱会的时候，就会跟随人群放声高歌。这就是人的从众性。

制造氛围的目的，就是激发用户的购买情绪。

**第四件事：废话植入**

废话有什么用？目的是让人们放下戒备。大家逛直播间的时候，有的时候会不会有这样的感觉，比如主播说，"接下来我们说一个××话题""接下来我要开始卖杯子了"……这个时候你会提高警觉，因为你知道主播要开始卖货了。

通过讲废话，则可以有效降低人们的戒备心理。我每次直播的时候都会唠闲嗑，和大家频繁互动，目的就是让用户放下戒备心理，留在我的直播间。

## 11.3 直播带货话术完全攻略——主播互动话术

主播互动话术是贯穿直播全程的,作为主播,需要培养互动意识,在直播间里有目的地与用户互动。

采取互动话术的目的主要包括两点。

**1. 收集数据**

互动的目的之一,就是收集数据,包括停留评论数、关注数、点赞量等。

很多主播表示,直播间没几个人,没有办法收集数据。其实每一场直播都会有初始推流进来的用户,无论是10个人还是20个人,你都要通过互动话术把数据要出来,再刺激直播间推流。

数据是能够刺激推流的,主播什么时候需要停留数据呢?当直播间人气特别不稳定的时候,你就要给出一些停留点,让用户留在直播间,比如说"接下来我要预告福利了""接下来要推出超低价的爆款单品了"。

看一个例子。

姐妹们,今天我们家的福利马上准备开抢了,期不期待?激不激动?如果喜欢,把7号扣在公屏上,看看今天有多少姐妹喜欢这个款式。

为什么要让大家把7号扣在公屏上?这样是为了制造热闹的氛围。新人进来之后,一看大家都在打7号,他们就忍不住去看一看7号链接到底卖的是什么,同样会增加停留数据。有些感兴趣的用户还会直接购买。

想要这款西装的姐妹,咱们把"西装"两个字扣在公屏上。

为什么引导用户把西装两个字打出来,这是为了让平台识别出你是做哪个类目的。

如果觉得我们家的款式能戳中你的心窝,如果喜欢我给大家搭配的这个款式的话,不要犹豫,点一下左上角的粉丝团。今天买了我家衣服的,或者没买的都没关系,加粉丝团,下一次就不会错过了。

这段话就是为了要粉丝团的关注数据,需要注意的是,不要进行利益诱导,说得俏皮一点或者生动一点,让你的直播间不显得那么枯燥。

**2. 了解用户情况**

通过互动话术，还可以进一步了解直播间粉丝的情况。例如主播可以说"新进入直播间的同学可以在评论区打1"，就可以掌握新加入粉丝的数量；"想要这款产品的同学请在评论区打'要'"，这时你就可以掌握该产品对用户有多大的吸引力了。

根据评论区的数据，主播会了解产品对用户有多大的吸引力，用户不感兴趣的产品就直接撤掉。因为如果某一款产品没有转化数据，后面的推流就会减少。遇到不合适的款，主播需要及时撤掉，不断更换新的产品，找到爆品。

关于主播的互动话术，我总结了四种形式，如图11-2所示。

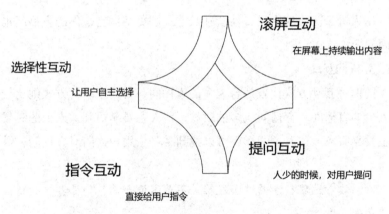

图 11-2　互动话术的四种形式

**1. 选择性互动**

什么叫选择性互动呢？举个例子。

我手里有两款产品，你们想要哪一款？你们是想要这款白色的打底衫，还是想要这款黑色的打底衫，你们选哪款，我就上哪款，要黑色打黑色，要白色打白色。

这就是选择性互动，让用户自己选择，并且在评论区互动。

所以，这种选择性互动在直播开场的时候特别好用，互动数据多起来之后，直播间就会再次推流。

**2. 滚屏互动**

滚屏互动，就是在公屏上持续输出。举个例子。

这款福利要不要？想要的同学打"要"字，都不要我就不上这款了。

持续输出内容，通过福利产品吸引用户停留，并在评论区持续互动。这样新人进来之后就会好奇，到底是什么品这么吸引人，也会驻足停留，并点击了解商品详情。

再举个例子。

上一款已经下架了，大家不要过多留恋了，没有抢到的家人把"没抢到"三个字打在公屏上。

新人进来一看这么火，就会驻足并了解更多详情，你的直播间也就热闹起来了。

**3. 提问互动**

前两种互动方式比较适合人多的直播间，提问互动的方式则比较适合人少的直播间。直播间人多的时候，留人主要靠福利，人少的时候留人主要靠服务。这时，主播就可以找到某一个用户，向对方提问，继而互动。

亲，你看我现在拿的这个发箍是不是很适合你？如果喜欢的话，打上"喜欢"两个字。

通过提问的方式与用户进行互动，一步步炒热你的直播间，进来的人越多，权重也就越高。

**4. 指令互动**

指令互动，指的是直接给用户指令，而不是让他们自己选择。

觉得今天这款商品非常好看的，请把"好看"打在公屏上。

人对于权威是有服从心理的，这是天性，已经有很多心理学实验证明了这一点。在直播间，主播就是权威的象征。很多时候，进入直播间的用户可能对你的产品不感兴趣，然而当你下达指令后，他们会很自然地顺着你的指令互动。

只要你们今天在公屏上打上"喜欢"两个字，我就立减100元。

指令一出，就会有用户愿意跟你在公屏进行互动。

## 11.4 直播带货话术完全攻略——产品介绍与开价话术

对很多主播来说，产品介绍与开价话术都是难点，产品介绍大家都会说，但总感觉达不到效果。开价这个环节，很多主播都不敢开，一开价格人就走了。

介绍产品主要从以下三个方面来进行，如图11-3所示。

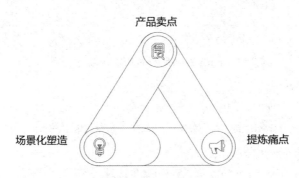

图11-3 产品介绍的三个角度

通过介绍产品卖点，戳中用户的需求痛点。之后，通过场景化的塑造，让你的产品与用户之间产生连接，继而激发客户下单的欲望。

**1. 产品卖点**

如何介绍产品的卖点？每一个类目都是不一样的，分为重点项与加分项两大板块。

为什么要用重点项+加分项来介绍呢？因为在直播间购买产品的人，一定是被动的。他们不是为了购买某个产品才来的，否则的话，就会直接去实体店或者电商购买了。

例如，在直播间刷到一个主播正在卖炊具，看到一口锅不错，但是家里有几个锅，对用户来说这口锅就是可买可不买的，那么想要成交就要靠主播的话术了。

通过主播的介绍，把这口锅的卖点讲出来，也就是重点项，然后再配合加分项的刺激，促成这笔订单。

举几个不同类目的例子，如图11-4所示。

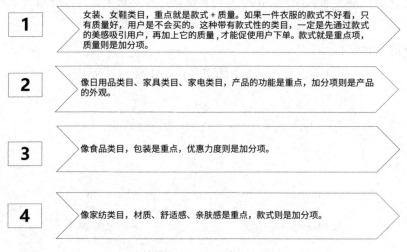

图11-4 具体案例

主播在讲产品卖点的时候，限定在八句话内，五句话用来讲重点项，另外三句话讲加分项。千万不要颠倒，否则转化率、留存率肯定会受到影响。

看一个例子。

姐妹们，这款锅的容量从之前的1.2升加大到1.5升，口径20公分，三口之家完全够用，内胆也升级到了第三代纳米陶瓷釉，不含重金属，也没有涂层,有孩子的家庭也可以放心使用。这口锅的内胆和市面上299元的电饭煲、199元的电煮锅的内胆是一样的,使用3年到5年是没有问题的。

家电类目的重点是实用性、安全性、耐用性。

再看一个例子。

我们家的早餐杯是550毫升的。加厚的无铅玻璃,能倒开水,能泡奶粉,能泡燕麦。食品级的安全材质,把手多层加厚,可以隔热防烫。

日用品类目的重点是实用性和安全性。

### 2. 提炼痛点

任何一个产品都是有痛点的,在介绍痛点的时候,一般采取两种方式,如图11-5所示。

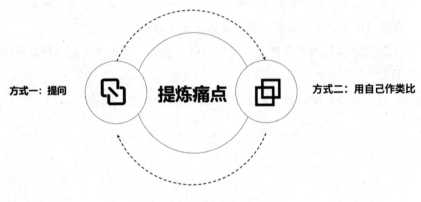

图11-5 提炼痛点的两种方式

举个例子。

有没有发现我现在穿着这件连衣裙就看不到我的大肚腩?因为这款衣服在腰部位置特意做了加垂的设计。

这就是通过设计一些用户可能会关心的问题进行提问来提炼痛点。

痛点找得越准,顾客下单的时候就越痛快,所以在设计话术的时候,一定要精准找到每一个产品背后的痛点。

### 3. 场景化塑造

场景化塑造，指的是将产品与用户生活的场景进行连接。举个例子，对于多数人来说，行李箱都是一个偶然性产品。主播可以这样设计话术。

你出差或者旅行的时候，在机场你会盯着人家的行李箱看吗？我会，我会特别关注别人行李箱的样式，再看看它够不够结实。外出旅行的时候，你们的行李箱回头率高不高？你看我介绍的这款行李箱，款式设计得特别洋气，而且非常实用。箱子后面用了抽拉设计，特别耐用。

这就是场景化塑造，把偶然出现的这种场景提炼出来，让用户自己展开联想。这就是将产品与用户的需求、用户的场景做一个连接。

再举个例子，比如说主播卖靠枕，可以这样设计话术。

家人们，你现在是不是正在刷手机？如果现在靠着我们这款靠枕，真的太舒服了。或者你在追剧的时候，吃着小零食，躺在沙发上的时候，如果再有一个这样的靠枕，简直是仙女一样的日子。

这就是通过场景化塑造，让用户展开想象，让用户联想到使用你的产品会产生怎样的情景。

接下来讲开价话术。常见的开价话术分为四种，如图11-6所示。

图11-6 四种开价话术

### 1. 由高到低开价法

由高到低开价，就是先报高价，再报低价，按照由高到低的顺序开价。

需要注意的是，如果是高客单价产品，不要一下子就把价格降下来，而是一点点往下降，例如599元，降到499元，再降到399元，把时间拉长。如果你放价太狠了，用户就无法感受到这款产品的价值。比如说599元的产品，第二天直接变成199元了，用户会觉得这款产品根本不值钱。

如果是低客单价产品，由高到低的放价速度可以快一点，假设放价速度太慢了，流量就走了。例如一款价值29.9元的产品，如果你一元钱一元钱地往下降价，用户根本没这个耐心。

还有一点，由高到低去放价的时候，还跟产品款式有很大的关系。如果是爆款，转化率特别高，那么放价的时候就要慢一点。如果是转化率不高的产品，放价的时候就快一点。

### 2. 成本拆分开价法

成本拆分开价法，指的是将某一款产品的成本拆分进行开价，目的是更好地体现出该产品的价值。

举个例子，做女装的商家若采用成本拆分开价法，话术可以这样设计。

今天介绍的这件大衣可是高档货，每一粒扣子都是用的珍珠扣。单拿这一个扣子镶嵌到戒指上，都可以做成一个饰品，卖到一二百块钱。我们这个珍珠扣的成本价就要80块钱……

再看我们这件大衣的材质，80%的羊绒含量，手感柔顺，毛质滑顺；单是这个含量的羊绒，成本就要××块钱了。

从这个扣子的成本进行拆分，让用户更好地感受到这件大衣的价值。这就叫成本拆分开价，通过一个小的细节，让用户感受到产品整体的价值。

### 3. 锚定对比开价法

"锚定"一词源自"沉锚效应"，指的是人们在做决策时，思维往往会被得到的第一信息所左右，就像沉入海底的锚一样，固定在某处了。

当人们购买商品时，会不自觉地调用接触同类产品的第一印象。所以，锚定对比开价法的关键就是找到产品适当的锚定对象，然后开出一个更低的价格，从而突出自己产品的性价比，这样更容易激发消费者的购买欲望。

锚定对比开价法也是很多主播经常用到的方法，比如主播拿出一张图，展示一款同类产品在其他电商卖多少钱，然后跟自己的产品进行比价，凸显自己产品的价格优势。

**4. 演戏式开价法**

例如，有一些直播间，主播上来告诉大家这件大衣199元。卖了一会了，直播间运营这时候说，价格打错了，应该是299元。主播这时候表示很懊恼，然后过一会儿说，既然已经错了，那就直接破价吧。这种形式就是在演戏，它不适合新人，如果主播的人设已经建立起来了，那么就可以用这种方式。

## 11.5 直播带货话术完全攻略——逼单话术

逼单话术属于成交之前的临门一脚，非常关键。

主播在逼单之前要学会换位思考。如果你是顾客，看到直播间介绍一款产品，你会想什么？肯定会犹豫，这时主播就需要利用逼单话术，打消顾客的不信任感。主播在逼单的时候必须要做到以下三点，如图11-7所示。

图 11-7 逼单关键三点

我总结了逼单话术的四种方法,如图11-8所示。

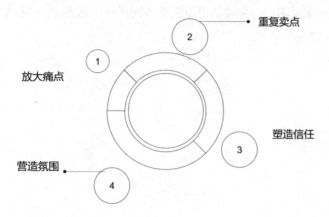

图11-8 逼单话术的四种方法

## 1. 放大痛点

进入直播间购物的用户是被直播间场景、货品以及主播的介绍吸引过来的,并没有迫切的购买需求。

因此,主播的引导才尤为重要。主播需要找到用户的痛点,并无限放大,还要给出解决方案,并与产品紧密关联。

举个例子,有些主播自卖自夸,说自己的产品有多么好,其实用户是不买单的。你需要刺激用户的痛点,举个例子。

我本身骨架很大,穿什么都显得虎背熊腰的。但是你看一下我穿的这件衣服,感觉就是扬长避短,能够修饰我的身材,营造出一种小巧的身形的感觉。

用自己的缺点举例,然后让用户联想到自身的问题,刺激他们的痛点。

大家看一下我们这款衣服,这款衣服设计的目的就是让亚洲女性凸显出自己的身材优势,然后掩盖身材的不足。

放大痛点的目的就是引发用户联想到自己的问题,下一步就要把自己产品的卖点说出来。卖点不需要说太多,但是一定要跟其他直播间的产品有区别。

## 2. 重复卖点

关于重复卖点,主要从以下三个方向来讲,如图11-9所示。

图 11-9 重复卖点的三个方向

第一,**塑造品牌**。可以从品牌定位、品牌设计、品牌创意等角度切入。

第二,**差异性**。强调你的产品与其他产品的区别。

第三,**优惠力度**。这也是很重要的卖点。举个例子。

我们这个黑金的服装标签,你们可以去商场看,任何一个有这种黑金的标签的,都是3000+的定价。但是今天在直播间里,我们这个品质的衣服,价格只要三位数,目的只求一个开门红。

直播间的流量就像流水一样,一直会有新的流量进来,不用担心之前进来的人听烦了,而是要让新进来的人知道你的产品是有优势的。

## 3. 塑造信任

介绍完卖点之后,用户已经了解了产品,下一步就要塑造信任感,因为即便是有购买意向的人,也会质疑主播讲的真实性。

因此,这时候的话术就是要让用户产生信任感,例如,主播可以强调"7天无理由退换货服务",或者强调"运费险""成交数量"。主播还可以让用户看一下评价和产品评分,这些都是塑造信任的话术。

姐妹们看一下,我们家的产品都有7天无理由退换货的。你买回去后发现不喜欢,可以退回来。我有7天无理由退换货为你保驾护航啊。

再看一个案例。

姐妹们你们看一下我们家的店铺评分4.96。经常在我们家线上消费的姐妹,都知道这个意味着我们家的产品令所有姐妹都很满意。"这样的话术强调的是自己家产品不单是一款品质好,而是所有产品的品质都不错。

此外,主播还可以通过老粉佐证法塑造信任。

刚进来的姐姐可能不太了解我们家产品的品质。×××已经买过3次了,你们说,如果质量不好,她怎么可能反复购买呢?

这就是老粉佐证法,口说无凭,一定要晒出成交截图。

还有一种就是自己佐证的方式。

我出席特别重要的场合的时候,都会穿这件衣服。

这样的话术容易营造一种身临其境的感觉,用户会联想到自己盛装出席某些场合,穿着这件衣服的效果,从而增加对产品的信任感。

**4. 营造氛围**

营造氛围主要有三种方式。

第一种就是倒计时,营造紧迫感。

今天这款产品是限时低价的,供应商不可能给我很多单,就给大家放一分钟。

采用倒计时营造氛围的时候,周围的场控要配合好。例如这样讲:"一分钟已经卖了多少单了,现在还有最后30单……还有最后20单了,大家要抓紧,时间不等人哦。"

这样就可以营造一种大家都在疯抢的感觉,显得直播间很热闹。

第二种是踢库存,举个例子。

直播间还剩下最后20单了,没有付款的姐妹实在不好意思,只能把你们踢出来了。因为还有很多姐妹没有抢到,我现在要把那些下了单不付款的先踢掉。

踢库存可以营造产品不多、不够抢的感觉。

第三种就是主播跟场控对话的形式。

主播问助理:"××,这款产品现在还有多少单?"

助理:"现在就剩下 30 单了。老板娘咱们今天放的价格实在是太给力了,明天的库存今天都放完了。"

通过这种对话形式营造紧迫感,从而刺激用户下单。

## 11.6 选择大于努力,视频号直播如何选品?

在讲如何选品之前,大家需要先了解一下传统电商与直播电商的区别,因为很多人之前是做传统电商的,底层逻辑在直播间不一定适用。

传统电商,顾名思义,类似于淘宝、京东、拼多多这种传统电商,我们也叫搜索电商,它的核心是人找货,满足需求。

什么叫满足需求?我需要这件东西,我需要这块手表,我需要一件羽绒服,我去搜索。它是从需求方向出发,它是一个主动性的动作。你在这个网站上去搜索你想要的东西,然后根据这些关键词,匹配到货品并给你推送过来。所以,传统电商首先从需求出发,然后通过详情页的搭建,通过标题的搭建,激发你对这个链接的购买欲。

直播间电商,它的核心是货找人,它是通过短视频种草这些动态的内容,通过你的文案,通过你的表达,包括主播的状态,主播的品宣,价值感的塑造等,激发客户兴趣。

客户本身对这个产品没有什么太大的需求。但是今天这个主播,就是因为她的话术到位,她的表情到位,她的品宣到位,价值感塑造得很强。同时,今天这个商品在直播间的优惠力度也很大,导致用户对产品产生兴趣并下单。直播间的选品主要有三个方向,如图 11-10 所示。

## 直 播 间 选 品

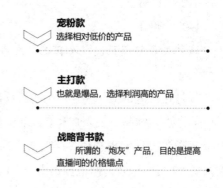

图 11-10 直播间选品的三个方向

**1. 宠粉款**

宠粉款一定要选相对低价的产品,但也不能选超低价的。例如,你是卖西装的,客单价 599 元,你可以拿一件 59.9 元的衬衣作为宠粉款,而不是拿一件 9.9 元的衬衣宠粉。因为绝对低价会引来很多泛流量,不够精准。

宠粉款首先要与你主打的商品是一个赛道的,比如主打西装,那就用服装类产品作为宠粉款,而不是送锅碗瓢盆;其次,宠粉款是为了成交,目的是引入平台的第二次推流。

选好品之后,找到对标的直播间,分析主播话术、表情……然后模仿并逐句改为自己的话术。

**2. 主打款**

主打款也就是爆品,一定要选利润较高的品,同时这个品的流量很好,能做数据。同时,这个品要能占到直播间 50% 以上的营业额。

关于爆品,要做到以下两点。

第一点，价值塑造。主播需要不断地与其他品进行对比，将爆品的细节优势体现出来。举个例子，你是卖西服的，与其他品对比面料和做工，体现出细节优势。

再举个例子。

这种类型的雕花，以及在这个色彩上的处理，是一个新手打造不出来的。

这是在塑造价值，要让你的主打款产品显得与众不同。

第二点，赠品。人人都喜欢赠品，喜欢占小便宜，这是人性。

康奈尔大学的理查德·泰勒博士通过实验证明了这一点，泰勒博士选择了 87 名受试者，向他们提出一个问题——"下列哪种情况更令人感到不快"。

A. 在停车场发生了撞车事故，修车花了 200 美元，但当天买彩票中了 25 美元。

B. 在停车场发生了撞车事故，修车花了 175 美元。

仔细看题就会发现，A 和 B 两种情况，实际上损失的金额是一样的，都是 175 美元。然而人们的选择却非常有意思，调查结果表明，绝大多数人都认为 B 更会令人感到不快。这些人认为，由于 A 获得了一点补偿，他的不快程度会降低。

泰勒博士将这种现象总结为"损益两平效应"。如今，这种伎俩被广泛应用于商业与日常生活中。举个例子。

今天我们还有一个惊喜送给大家，购买西装的姐妹还会免费得到一条我家的经典打底裤。

### 3. 战略背书款

什么叫战略背书款？比如你卖完一个 399 元的茶叶单品之后，想再卖一个 499 元的茶叶单品，此时如果直接上 499 元的品，可能转化率不太高，那么就有必要增加一款产品作为过渡，这个过渡的产品就叫战略背书款。

战略背书款就是所谓的炮灰产品，不靠它赚钱，而是为了提高直播间的价格锚点。需要注意的是，战略背书款一定是价格、质量都比较高的产品。

举个例子，你可以上一款699的××品牌的茶叶单品，卖一段时间之后，再去卖499元的茶叶单品。这样一来，499元的这款单品，因为有699元的战略背书款，就更容易获得转化。